바리스타와 함께하는 커피 이야기

바리스타와 함께하는

커피 이야기

지은정

수학사

이 책을 내면서

우리는 일상에서 커피와 늘 가까이 살고 있습니다. 회사에서, 학교에서, 집에서, 식당에서도 우리는 커피를 만납니다. 1990년 후반 세계적 커피 기업인 스타벅스의 국내 상륙을 계기로 에스프레소 커피를 접하게 되었고 이제 어디에서든 커피 전문점을 쉽게 발견할 수 있습니다.

'바리스타'는 이런 커피 전문점의 확산을 통해 출현한 새로운 직업군입니다. 바리스타는 커피에 대한 전문적 지식과 기술을 충분히 갖추고 맛있는 커피를 제공하는 역할을 합니다.

커피를 즐기는 사람이 많아지면서 '바리스타'에 대한 수요 증가와 함께 바리스타를 양성하는 학교(바리스타 학과, 평생교육원, 사회교육원) 및 사설 학원들이 급속도로 생겨나고 여기에 맞춰 커피 및 바리스타에 대한 많은 책들이 쏟아져 나오고 있습니다. 하지만 대부분 커피에 대한 단편적인 지식만을 전달하거나 개인의 경험을 담은 에세이, 혹은 특정 업체에서 출판된 책들이 대부분이라, 커피에 대한 충실한 지식을 얻기에는 아쉬움이 있습니다.

이 책은 이러한 점들을 보완하여서 커피 전반에 대한 기본 지식은 물론 식품영양학을 전공한 본 저자의 식품학적 지식을 바탕으로 커피학 개론, 커피의 성분 분석 및 관능평가(커핑)에 이르기까지 바리스타가 알아야 할 지식을 상세히 다루고 있습니다.

앞으로 본 저서가 커피학 및 바리스타를 위한 강의를 하는 학교, 커피 교육 현장 및 커피에 관심이 많은 사람들에게 실질적인 도움이 되고, 바리스타를 꿈꾸는 이들을 바리스타의 길로 이끄는 지침서가 되길 기대합니다. 그리고 여기에 만족하지 않고 앞으로도 커피에 대한 지속적인 학습과 연구를 통해 부족한 부분들을 보완해 나갈 것입니다.

마지막으로 저에게 식품 관능평가를 지도해주신 서울대학교 황인경 교수님, 외식 경영학을 전공할 때 많은 지식을 주신 경희대학교 김태희 교수님께 진심으로 감사드립니다.

또한 커피에 대한 다양한 정보를 제공해주신 (주)에스프레소코리아의 정경석 사장님, 저와 함께 바리스타를 희망하는 학생들에게 열심히 커피에 대한 지식을 전파하고 있는 (주)에스프레소코리아 바리스타스쿨의 직원들에게도 고마움을 전합니다. 이 한 권의 책을 만들기까지 물심양면으로 도와주신 수학사 이영호 사장님과 직원 여러분에게도 진심으로 감사드립니다.

2010년 2월

저자 지은정

차례

Chapter 1 커피의 역사

Chapter 2 커피학 개론

Chapter 3 커피 로스팅

Chapter 4 관능평가

Chapter 5 다양한 커피 추출

Chapter 6 에스프레소 추출

Chapter 7 커피의 신선도 및 건강

Chapter 8 바리스타와 서비스

CAFÉ

Chapter 1

커피의 역사

Chapter 1

커피의 역사

1. 커피의 어원 및 발견

1) 커피의 어원

커피coffee는 카파kaffa라는 말에 그 어원을 두고 있는데, 이는 커피가 처음 발견된 에티오피아 카파 지역의 이름에서 비롯된 것으로 추정된다. 카파는 에티오피아어로 신God을 의미하는 ka와 만물이 소생하는 땅을 칭하는 afa의 합성어로 '신이 주신 풍요로운 땅'이라는 뜻이다.

또한 아랍어로 '힘'과 '에너지'를 뜻하는 카후하cahuha나 와인을 뜻하는 콰와qahwah로 부르기도 했는데, 이는 10세기 이전에 사람들이 커피의 과육을 발효시켜 와인을 만들어 마셨다는 기록에서 유래된다.

커피가 유럽으로 전파된 지 약 10년이 지난 1650년에 블런트Henry Blount 경이 coffee라고 부른 것이 계기가 되어 오늘날까지 전 세계적으로 불리고 있다.

나라별 커피 명칭

미국/영국 : coffee
프랑스 : café
이탈리아 : caffe
독일 : kaffee
네덜란드 : koffie
러시아 : kophe
덴마크 : kaffe
핀란드 : kahvi
일본 : ヲ-ヒ-(고히)
베트남 : caphe
에티오피아 : bunna

2) 커피의 발견

커피의 발견에 관해서는 여러 가지 설이 있지만, 칼디Kaldi 설이 주로 인용되고 있다.

(1) 칼디 설

A.D. 850년경 아비시니아Abyssinia(에티오피아의 옛 이름) 고원에 살던 목동 칼디는 어느 날 방목하여 키우는 염소들이 흥분하여 날뛰는 모습을 보게 된다. 이를 신기하게 생각한 칼디는 염소들을 따라가 보는데 염소들이 덤불 속의 빨간색 열매를 따 먹고는 흥분을 멈추지 않는다는 사실을 알게 된다. 칼디는 신기하여 자신도 그 열매를 먹어보는데 이내 그 맛과 향에 반하고, 힘이 솟는 이상한 체험을 하게 된다. 그는 이 열매를 아내에게 보여주었고 아내는 이를 그 지역 이슬람 수도원의 수도사에게 건네게 되지만 수도원장은 이를 '악마의 장난' 으로 치부하여 불 속에 던져버린다. 하지만 몇 분 후 불에 떨어진 열매에서 진하고 달콤한 향기가 나게 되고 그 향기에 취해 다른 수도사들까지 모이게 된다. 까맣게 타버린 열매 안의 씨앗을 부순 뒤 뜨거운 물을 붓고 우려 마셨는데 맛을 본 후 모두 그 매력에 도취된다.

그 후, 에티오피아 이슬람 수도사들은 수세기 동안 밤에 행해지는 의식 때 잠을 쫓기 위해 커피를 애용하였다고 한다.

(2) 게말레딘 설

이슬람교 율법사였던 게말레딘Gemaleddin은 에티오피아 지역을 여행하던 중 커피의 효능을 경험한다. 예멘으로 돌아와 건강이 나빠지자 사람을 보내 커피를 구해서 먹고 병에서 회복되었으며, 율법을 공부하는 학생들에게도 권하여 밤늦도록 졸지 않고 수도에 정진할 수 있도록 하였다. 그 후 커피는 율법사, 학생, 작가, 예술가 및 밤늦도록 일하는 많은 사람들이 애용하는 음료가 되었으며, 모하메드 알하드라미Muhammed Alhadrami는 당시 의사로서 게말레딘을 도와 커피의 보급에 힘썼다.

(3) 오마르의 발견 설

아라비아의 청년 오마르Omar는 중병에 걸린 아라비아 성주의 딸을 치료한 후 그 공주를 사랑하게 되는데 이것이 발각되어 오자브라는 지방에 유배되었다. 그곳에서 오마르는 화려한 깃털로 온몸을 장식한 노래하는 새를 보았고, 하얀 꽃이 핀 나무를 향해 천천히 날아가는 새를 따라가 보았지만 그 나무에 이르렀을 때 새는 어디론가 사라지고 없었다. 오마르는 그 나무에서 자라고 있는 붉은 열매를 발견하고 연구 끝에 이를 의약제로 사용해 큰 효과를 발휘해서 면죄를 받고 고향으로 돌아가서 커피를 전파하는 데 큰 역할을 했다는 설이지만 크게 설득력은 없어 보인다.

위의 이야기 중 어떤 것이 정설인지 확언할 수 없지만 현재 많은 역사학자들은 8~9세기경 커피 원두가 에티오피아에서 발견된 이후 11~12세기경 홍해를 통해 아라비아반도의 예멘으로 전파된 후 15세기경 유럽으로 전파되었다고 추정하고 있다.

2. 커피의 전파

12세기에 에티오피아의 카파 지역에서 홍해를 건너 예멘에 처음 전파되었다고 추정되며, 에티오피아와 케냐에 살던 한 부족이 아라비아반도로 이주하면서 커피를 갖고 갔다가 페르시아인에게 쫓기면서 그곳에 두고 되돌아갔다고 한다.

수도승 게말레딘이 에티오피아 지방을 여행하고 아덴으로 돌아오면서 병이 깊어졌는데 커피를 먹고 나은 일을 계기로 아덴의 이슬람교도에게 전해졌고, 술 마시는 것이 금지된 이슬람교도는 커피를 즐겨 마시게 되었고, 커피 마시는 일이 일반 교도에게까지 허가되면서 다른 도시로 빠르게 퍼져 나가 아랍인 모두가 마시게 되었다고 한다.

1) 에티오피아에서 예멘으로 전파

7세기 아라비아에서 생긴 이슬람교가 에티오피아까지 확산되면서 에티오피아의 커피가 예멘으로 전파되어 재배되기 시작하였다. 하지만 주목할 점은 에티오피아에서는 자연발생적인 야생의 커피를 먹었지만 예멘에서는 인류 최초로 커피를 경작하기 시작하였다는 것이다.

이슬람인들은 철야기도와 명상이 잦았는데 이때 이슬람 수도사들은 잠을 쫓아주는 데 효과가 있는 커피를 애용하였다. 또한 이슬람은 술을 금하기 때문에 교도들은 이를 대신하여 커피를 널리 마셨다고 한다.

13세기 무렵 아랍 지역에서는 카베 카네Kaveh Kane라는 아랍식 커피하우스가 문을 열기도 하였다.

2) 아라비아에서 페르시아 및 터키로 전파

마호메트Mahomet가 태어난 이슬람교 성지인 메카에 순례차 방문한 이슬람교도들이 커피를 맛본 후 이에 매료되어 자신의 나라로 커피를 가지고 돌아가면서 페르시아, 이집트, 시리아, 인도 등으로 전파되었다.

페르시아는 아라비아와 인접해 있어서 커피가 일찍 전파되었고 이 때문에 커피하우스 역시 활성화되었다.

16세기 오스만튀르크가 아라비아 지역을 통일함으로써 커피는 터키로 확산되었다. 터키에서 커피하우스가 문을 연 것은 1544년이었는데 알레포 출신의 한 상인이 '차이하나' 라는 커피하우스를 이스탄불에 연 것이 시초가 된다.

하지만 사람들이 예배는 하지 않고 커피하우스에서 유희와 사교에 전념하는 것을 보고 이슬람 신학자들이 커피를 규탄하여 한때는 커피하우스가 폐쇄되기도 하였지만 대중들의 커피 사랑으로 곧 해제되었다.

3) 터키에서 유럽으로 전파

오스만튀르크(터키)가 비잔틴 제국을 멸망시킨 1453년부터 터키의 힘은 매우 강력해졌다. 전 세계의 많은 사람들이 문물을 배우기 위해 터키로 몰려들었고 자연스럽게 커피를 접하게 되었다.

터키는 아라비아는 물론 유럽에도 강한 힘을 뻗치고 있어 커피 문화가 유럽에까지 전파되었다. 가톨릭 사제들은 커피를 이교도의 음료로 규탄하였지만 커피를 마셔본 교황은 커피에 매료되었고 이는 유럽 상류사회로 급속히 퍼져 나갔다.

특히 커피는 지성인의 음료로 인식되어 성직자, 귀족들 사이에 활발히 유행하였고 이에 현존하는 가장 오래된 카페인 '플로리안Florian' 이 1720년 베네치아에 문을 열게 되었다.

4) 유 럽

예멘의 모카 항을 통해 수에즈 지역까지 운반된 커피는 다시 낙타로 이집트의 알렉산드리아의 커피 창고로 집하된다. 그 후에 프랑스나 베니스의 상인들에게 팔려 나갔는데, 터키는 커피의 경작이 다른 지역으로 퍼질 것을 염려해서 종자용 생두를 끓는 물에 담갔다가 꺼내서 싹을 틔우지 못하도록 만들거나 볶은 원두만을 판매했다.

터키에서 음료로 자리매김하게 된 커피는 16세기 말 유럽 대륙으로 건너가 비약적인 발전을 이루고 점차 유럽 전역에 퍼지게 되었다.

유럽인들은 이 음료를 술타나Sultana(술탄의 나라에서 온 음료라는 뜻)라고 부르며 그 음용 방법도 터키식으로 만들어 마셨다. 17세기 제국주의 시대 유럽 각국이 새로운 항로를 발견하고 식민지를 개척하며 커피나무를 심기에 적합한 지역들을 발견하면서부터 커피는 빠르게 세계 각국으로 퍼져 나갔다.

술 탄
이슬람교국의 군주. 오스만 제국의 황제를 이르기도 함.

5) 네덜란드

1616년 네덜란드는 예멘에서 커피나무를 탈취, 네덜란드로 옮기는 데 성공하여 이를 암스테르담 식물원에 심어 놓고 연구하기 시작한다. 그 후 1658년에는 포르투갈로부터 실론 섬을 인수하여 커피를 경작하기 시작하였으며, 1699년에는 헨리쿠스Henricus 가 인도의 말라바르와 실론 섬에서 인도산 커피 묘목을 인도네시아의 자바에 옮겨 심어 성공하였다.

인도의 커피 역사는 바바 부단Baba Budan에 의해 시작되었는데 바바 부단은 성지 순례차 아라비아에 갔다가 돌아오면서 숨겨 온 커피 종자를 인도 남부의 마이소르 산에 심어 성공함으로써 인도 전역에 커피가 퍼져 나가게 된다.

그 후 수마트라, 셀레베스, 티모르, 발리 등 인도네시아의 다른 섬으로 커피 경작이 확산되었으며, 동인도회사는 이곳에서 수확한 커피를 가지고 유럽 커피 시장의 가격을 마음대로 정할 수 있었다.

6) 프랑스

1714년 암스테르담 시장은 유트레히트 조약 체결 기념으로 루이 14세에게 네덜란드 식물원에서 재배한 커피 묘목을 바치고, 루이 14세는 그 묘목을 베르사유 식물원과 프랑스령 식민지 아프리카의 버본 섬에 처음 옮겨 심는다. 이곳에서 자란 나무가 후에 브라질 땅에 옮겨져 '버본 산토스Bourbon Santos'라는 고급 커피로 탄생하게 된다.

프랑스, 네덜란드뿐만 아니라 영국, 포르투갈, 에스파냐 등 17~18세기에 제국주의 정책으로 식민지 쟁탈에 온 힘을 기울인 나라들은 모두 커피 묘목을 이식하는 데 여념이 없었다.

각 지역 토양의 특색으로 인해 아라비아의 아라비카 원종은 차츰 변하여 다양한 품종이 나왔고 커피 원두의 맛은 산지별로 달라지게 된다.

7) 브라질

브라질이 세계 최대 커피 생산국이 된 배경에는 다음과 같은 사건이 있다. 1727년 당시 기아나Guiana는 영국, 네덜란드, 프랑스 3개국의 영토로 나뉘어 있었다.

프랑스령 기아나와 네덜란드령 기아나 사이에 영토 분쟁이 일어나게 되어, 브라질 관리인 프란시스코 드 멜로 팔레타Francisco de Melo Palheta에게 분쟁을 심판해 줄 것을 요청한다.

커피 종자를 반출할 의도를 지니고 있던 그는 의도적으로 프랑스 총독의 부인을 유혹했으며, 헤어질 때 그녀로부터 받은 꽃다발 속에 들어 있던 커피 열매에서 씨를 추리고 싹을 틔워 그의 영토인 파라Para에 심어 성공한다. 토양과 기후가 커피 재배에 매우 적합한 브라질은 곧 세계 제일의 커피 생산 국가가 되었고, 20세기 초 세계 생산량의 70%를 담당하는 커피 생산국으로 급부상하게 된다.

8) 영국

한편 네덜란드로부터 실론 섬을 넘겨받은 영국도 19세기 초 커피 시장에 두각을 나타내기 시작하였으며, 자연 산림을 없애고 커피 농장을 만든다. 1869년에는 그 면적이 약 71,226ha에 이르렀으나, 그 해부터 녹병이 나타나 1890년경에 거의 모든 커피 농장을 휩쓸었다. 인도의 자바, 수마트라, 말레이시아까지 번졌고, 1890년 중반 실론의 모든 커피나무들이 제거되고 그 대신 차나무가 심겼다. 그 후 동인도회사는 캠페인을 벌여 국민들의 차 소비를 꾸준히 늘려 나갔고 현재 영국은 커피보다 차를 사랑하는 나라가 되었다.

이렇게 아라비카 종이 전멸하자 과학자들은 이 병에 강한 종자를 구하던 중, 아프리카의 라이베리아 공화국에서 자라는 리베리카 종자를 찾았다. 그러나 녹병에 약하고 생산량도 너무 적었다. 그 대안으로 아프리카의 서남 해안지대에서 재배되던 로부스타 종이 새로이 이식되기 시작하였는데 이 종자의 명칭은 벨기에 출신으로 콩고에 살던 이 커피 발견자의 이름을 붙인 것이다.

9) 미 국

대량 커피 소비국인 미국의 커피 역사는 콜롬버스가 신대륙을 발견한 이래로 유럽인들이 신대륙인 미국으로 몰려오면서 시작되었다. 네덜란드인들이 서인도회사가 건설한 식민도시인 뉴암스테르담(지금의 뉴욕)에 정착하기 시작한 1625년에서 약 40년이 지난 1665년대 말로 보고 있다.

17세기 미국에서 커피와 차는 모두 인기 있는 음료였다. 그러던 중 영국 왕 조지 3세가 1765년 식민지로부터 세수입을 증대시키기 위하여 제정한 인지 조례(타운젠트법안 통과)는 보스턴 시민들을 격분하게 만든다. 1773년에는 보스턴의 급진파가 영국 배에 올라가서 선적되어 있던 차 상자들을 모두 바다에 던져 버리는 사건이 발생한다. 이것이 바로 미국 독립 전쟁의 불씨를 일으킨 '보스턴 차 사건' 이다.

프랑스나 네덜란드의 서인도 제도 식민지에서 쉽게 수입할 수 있는 커피는 그들의 음료로 정착시키고 차의 음용을 비애국적인 것으로 간주했다. 독립 후에는 이와 같은 분위기가 다소 누그러지긴 했으나 현재도 커피 소비량이 압도적이다.

10) 일 본

일본의 경우 커피 묘목이 소개된 것은 1878년이고, 1888년에는 도쿄 우에노에 첫 커피점이 생겼다.

11) 한 국

우리나라에 커피가 소개된 것은 1895년 아관파천으로 인해 고종 황제가 러시아 공사관에서 마신 것이 최초이다. 그 후 독일 여성 손탁Sontag, 孫鐸이 중구 정동에 커피숍(손탁 호텔)을 차린 것을 계기로 개화기와 일제 강점기에 명동과 충무로, 소공동, 종로 등에 커피숍들이 자리 잡기 시작했다. 그 후 한국전쟁시 미군 부대로 주로 공급된던 원두커피 및 인스턴트커피를 통해 커피의 대중화가 이루어지게 되었다.

3. 커피의 주요 산지

1) 중남미

중남미(라틴 아메리카)는 세계 최대의 커피 산지로 질 좋은 아라비카를 생산한다. 아프리카나 인도네시아보다 커피 맛이 순한 편이다. 스페셜티Specialty 커피라고 불리는 최고급 커피는 주로 농장 이름이나 지역명으로 표기된다.

(1) 브라질

브라질은 세계 최대 커피 생산국이자 소비국이다. 주로 아라비카를 재배하며 로부스타(주로 Conilon)도 생산량의 약 20%를 차지하고 있다.

브라질 커피 농장은 대량 생산을 위해 기계화되어 있다. 커피 농장은 생산성 향상을 위해 수확 역시 메커니컬 피킹mechanical-picking 방법으로 기계를 사용하고 있다. 하지만 고가로 유통되는 고급 커피는 잘 익은 체리만을 손으로 수확하는 핸드 피킹hand-picking 방법을 택하고 있다.

브라질은 자연 건조 방식natural-dry method을 사용하는 국가이다. 자연 건조 방식은 과육 상태 그대로 건조하기 때문에 당도가 높고 바디body감이 매우 높은 커피를 수확할 수 있다.

하지만 브라질 커피는 저급 아라비카로 단종 커피보다는 주로 블렌딩 커피에 사용되는데 그 이유는 커피 생산에 적합한 화산암 토양이 아닐 뿐만 아니라, 200~800m의 저지대에서 커피가 자라서 조밀도가 낮은 원두가 생산되기 때문이다.

브라질에는 1991년에 발족된 스페셜티 커피협회인 Brazil Specialty Coffee Association이 있어 고급 스페셜티 커피 생산에 힘을 쏟고 있다.

산토스Santos가 유명한데, 뚜렷한 특색이 있는 커피가 아니기 때문에 단종 커피로 마시기보다는 주로 에스프레소용 블렌딩 커피로 사용된다.

브라질 커피 농장

(2) 콜롬비아

콜롬비아는 커피를 국가 정책 산업으로 육성하고 있는 나라이다. 그 만큼 커피가 국가 경제에 매우 큰 영향을 끼치고 있기 때문에 정부는 1927년 국가커피조합인 FNCFederacion Nacional de Cafeteros를 설립하여 커피의 품질 유지, 마케팅 및 수급, 수출 등 기금까지 관장하고 있다. 개인 수출업자는 주로 미국 지역에 수출을 많이 하고 FNC는 유럽에 수출을 많이 하는데, 이때 커피 농장을 보호하고 안정적인 가격을 유지하기 위해 레인떼그로 카페테로Reintegro Cafetero, 즉 커피가격보존세를 지불하게 한다.

콜롬비아는 환태평양 화산대에 속해 있는 안데르산 고산지대, 해발 1,000~2,000m의 화산재 퇴적지대의 비옥한 토양과 충분한 물, 적당한 일조량, 큰 일교차로 인해 커피나무가 성장하기 아주 적합한 환경을 가지고 있다.

콜롬비아 커피의 등급은 크기로 구분되며 수프레모Supremo(스크린 사이즈 17 이상), 엑셀소Excelso(스크린 사이즈 15~17), U.G.Q.Usual Good Quality(스크린 사이즈 14 이하)로 나뉜다.

콜롬비아 커피의 로고는 후안 발데즈Juan Valdez와 당나귀로 잘 알려져 있는데 후안 발데즈는 가상의 커피 농부이며 당나귀는 콜롬비아 커피의 운송수단을 나타낸 것이다.

콜롬비아는 국제적인 커피대회(엑셀런스컵 경기대회)를 주기적으로 개최하여 훌륭한 커피를 선별하고 있으며 이 대회에서 우승한 커피는 보증서와 함께 고가로 판매된다.

콜롬비아 커피의 특징은 풍부한 아로마와 다크 초콜릿의 진한 단맛이 특징이다.

Café de Colombia

콜롬비아의 후안 발데즈 로고

(3) 자메이카

자메이카는 카리브해에 위치해 있으며 블루마운틴Blue Mountain 커피가 유명하다. 블루마운틴 커피는 세계에서 제일 높은 블루마운틴에서 생산되는데, 이 지역은 풍부한 강수량, 비옥한 토양, 해발 2,100m의 시원한 기온 등 커피 생산에 있어 최적의 조건을 가지고 있다.

이런 최상의 블루마운틴 커피는 90% 이상이 일본으로 수출되기 때문에 시중에서 100% 블루마운틴 커피를 접하기란 쉽지 않다. 현재 우리 나라에서 유통되고 있는 블루마운틴 커피는 100%가 아니라 블루마운틴 커피를 일정 부분 블렌딩한 제품들이다.

물론 블루마운틴 지역 외에도 자메이카 주, 세레이 주 등에서도 커피를 생산하고는 있으나 여기에서 생산되는 커피에는 블루마운틴 커피라는 명칭을 쓸 수 없다.

1948년 자메이카 정부는 커피 산업 부흥을 위해 커피산업협회Jamaica Coffee Industry Board를 설립하여 커피 품질 향상을 위해 노력하고 있다.

블루마운틴 커피는 풍부한 아로마와 과일이 주는 산뜻한 신맛이 특징으로 커피 애호가들 사이에 맛의 조화가 가장 훌륭한 커피로 평가 받고 있다.

(4) 과테말라

과테말라는 화산 폭발로 질소질이 풍부한 토양 덕분에 안티구아Antigua라는 스모크 향이 나는 커피를 생산하고 있다. 이 지역은 건기와 우기가 뚜렷하고, 1,400~1,700m의 고지대에, 충분한 강우량으로 커피 재배의 최적의 조건을 가지고 있다.

그 외 커피 생산 지역으로는 프라이자네스 고원Fraijanes plateau, 열대우림의 코반Rainforest Coban, 휴휴테낭고Huehuetenango, 호수 주변의 아티틀란Atitlan, 산 마르코스San Marcos, 오리엔테Oriente 가 있으며 각 지역별로 특색 있는 맛의 커피를 생산하고 있다.

과테말라의 커피 수출은 아나카페Anacafe가 커피 산업을 전반적으로 관리, 통제하고 있으며 개인도 수출을 담당할 수 있다.

인구의 30% 이상이 커피 산업에 종사하고 있고 커피가 과테말라 전체 수출액의 70%를 차지하고 있다.

과테말라 커피는 풍부한 바디감과 스모크 향, 강한 아로마와 좋은 신맛이 특징이다.

(5) 코스타리카

코스타리카는 타라주Tarrazu 커피가 유명하다. 코스타리카는 비옥하고 물이 잘 빠지는 화산 토양을 갖추고 있어 커피 생산에 적격이다. 국가에서 로부스타 생산을 법으로 금지하는 등 품종에 신경을 쓰고 있으며, 인구의 약 12% 정도가 커피 산업에 종사하고 있다.

타라주 지역의 커피가 유명하고 이외에 센트럴 밸리Central Valle, 트레스 리오스 Tres Rios 등에서도 좋은 커피가 생산되고 있다.

코스타리카의 커피 산업은 1933년에 설립된 코스타리카 커피협회인 ICAFE Instituto del Café de Costa Rica가 관장하고 있는데 커피 생산자와 가공업자, 수출업자 등의 권익 보호 및 수출, 수입을 담당하고 있다.

코스타리카 커피는 기분 좋은 산뜻한 산미가 특징이므로 에스프레소 블렌딩시, 좋은 신맛을 내기 위해 사용되고 있다.

(6) 엘살바도르

엘살바도르는 인구 중 10%가 커피 산업에 종사하고 있으나 잦은 내전으로 커피 시장이 위축되어 있다.

엘살바도르의 생산품은 전형적인 중앙 아메리카의 커피로 중간 정도의 바디감과 적당한 단맛이 있으며 깨끗한 산미가 특징이다.

그 외에 커피 재배지역으로는 멕시코(세계 7위의 커피 생산국이나 커피의 품질이 떨어짐, 부드럽고 감칠맛 나는 깊은 풍미가 특징으로 블렌딩 커피에 많이 쓰임), 쿠바(스모키 향의 묵직한 바디감이 특징), 도미니카 공화국, 아이티, 온두라스, 파나마, 에콰도르, 페루, 베네수엘라 등이 있다.

2) 아프리카와 아라비아

홍해 연안은 전통적으로 높은 품질의 커피를 생산하기로 유명하다. 하지만 불안정한 정치 상황으로 커피 산업 발전이 다소 열악하다.

(1) 에티오피아

에티오피아는 우간다와 아이보리 코스트와 함께 아프리카 커피의 최대 생산지 중 하나이다. 생산되는 커피의 50% 이상이 해발 1,500m 이상에서 재배되고 있으며 연강수량 1,500~2,500mm로 커피 재배에 적당한 조건을 가지고 있다. 80% 정도를 건식법으로 건조시킨다.

커피는 남부의 시다모Sidamo와 이르가체페Yirgacheffe가 유명한데 풍부한 바디감과 신맛은 약하지만 과일향과 와인향이 균형을 이루면서 부드러운 맛을 낸다. 또한 에티오피아 최고의 커피로 인정받는 이르가체페는 해발 2,000m 이상의 고지대에서 생산되어 조밀도가 매우 강하다. 이르가체페는 산미가 뛰어나고 과일 향과 초콜릿 향이 일품이다.

하라Harra 지역의 커피도 유명한데 약한 산미와 풍부한 바디감이 있으며 초콜릿 향도 느낄 수 있어 커피 애호가들로부터 사랑 받고 있다.

에티오피아의 커피는 아프리카에서 소비량이 높은데 커피 산업은 국영커피재배발전기업인 CPDECoffee Plantation Development Enterprise에서 운영된다. 커피는 매일 경매로 가격이 정해지며 미국, 일본, 프랑스 등으로 수출된다. 에티오피아 커피는 결점두로 등급을 매기고 있다.

(2) 케 냐

커피 애호가들 사이에서 케냐 커피는 최고의 커피로 손꼽힌다. 케냐 커피는 약 1,500~2,000m 고도에서 재배되며, 99% 이상이 아라비카이다. 케냐는 커피 경작지가 없고 대부분 야생의 커피나무에서 커피를 채취하는데 모두 핸드 피킹 방법으로 수확한 후 협동세척소Washing Station로 옮겨 커피를 세척한다.

모든 커피는 매주 열리는 경매에서 가격이 결정되며 원두의 크기에 의해서 등급이 매겨지는데 케냐 AA(스크린 사이즈 17~18), 케냐 AB(스크린 사이즈 15~16), 케냐 C(스크린 사이즈 14~15), 케냐 E, 이하 등급으로 나뉜다.

1933년 결성된 케냐 정부산하기관인 CBKCoffee Board of Kenya가 생산, 마케팅, R&D 등을 관리하며 커피 산업의 모든 라이선스를 관할한다.

케냐의 커피는 풍부한 바디감에 신맛이 강하지만 후미는 깔끔하다.

(3) 예 멘

에티오피아가 커피가 발견된 곳이라면, 예멘은 커피를 인류 최초로 경작한 나라이다. 고도가 1,000~1,700m이고 온도가 높기 때문에 예멘 커피는 크기가 작고 매우 단단하다.

주요 커피 생산 지역은 마타리Mattari, 히라지Hirazi, 다마리Dhamari 등이 있고, 이 지역에서 생산되는 커피는 스페셜티 커피로 분류된다.

에티오피아와 홍해를 사이에 두고 마주 보는 예멘은 '모카항'에서 커피를 유럽으로 수출하였기 때문 모카 커피로 통하는데 현재의 모카 커피의 기원이 된다. 이름에서 알 수 있듯이 예멘 커피는 초콜릿 향이 감싸는 가운데 깊고 진하면서 부드러운 맛이 특징이다.

(4) 탄자니아

탄자니아 커피는 전체 생산량의 90% 정도가 소규모 농장에서 생산되며 주로 자연 건조 방식으로, 아라비카와 로부스타를 모두 경작한다. 10%의 대규모 농장에서는 100% 아라비카만 생산하여 세척 방식으로 커피를 가공한다.

킬리만자로 산맥이 위치해 있는 북동부의 산악지역에서 세계적으로 유명한 킬리만자로 커피가 생산되어 상품화된다. 또한 킬리만자로 산맥 근처 모시Moshi 지역의 커피는 키보Kibo라는 명칭으로 상품화되어 유럽, 미국, 일본 등으로 수출된다.

탄자니아 커피는 TCBTanzanian Coffee Board와 탄자니아 커피마케팅위원회 TCMB Tanzanian Coffee Marketing Board가 있는 모시 지역에서 경매로 가격이 결정되어 민간 수출업자들에게 판매된다.

탄자니아 커피는 케냐산보다 약한 산미와 풍부하고 섬세한 아로마가 특징이다.

이외 앙골라, 버룬디, 카메룬, 르완다 등에서도 커피가 생산되고 있다.

3) 아시아

아프리카와 중남미에 이어 새로운 커피 생산지로 부상한 아시아는 기후와 지형 여건상 로부스타를 주로 생산한다.

(1) 인도네시아

인도네시아 군도에서 주요 커피 재배지는 자바 섬과 수마트라, 술라웨시, 플로어 지역이다.

자바 커피는 산도가 약하고 흙냄새, 톡 쏘는 듯한 스파이시한 무거운 느낌이 있다. 예멘의 모카 커피와 인도네시아의 자바 커피를 블렌딩한 커피가 모카자바 커피이다. 수마트라 커피는 바디감이 풍부하며 신맛이 약하다.

인도네시아 커피의 90%는 로부스타이고, 10%의 아라비카는 만델링Mandheling으로 유명하다.

또한 인도네시아는 루악 커피의 원산지 중 하나다. 루악 커피는 사향고양이가 먹은 커피체리가 배설되면 이것을 씻어 건조시켜 상품화한 것으로 희소성 때문에 고가로 유통된다.

커피 등급은 결점두로 매겨진다.

(2) 베트남

베트남은 세계 2위의 커피 생산국으로 병충해에 강한 로부스타가 대부분이다. 아라비카 나무는 프랑스 선교사에 의해 1865년부터 10년에 걸쳐 재배되었으나 1970년 베트남 전쟁이 끝난 후 정부가 중앙 고산지대에 거대한 로부스타 커피 농장을 개간하면서 1990년대에 와서 로부스타 생산의 호황을 누리고 있다.

베트남 커피는 특색이 없어 주로 에스프레소 블렌딩용으로 사용된다.

(3) 인 도

인도 커피는 1990년 시장 자율화 이후 커피 생산량 면에서 급속도로 성장해 왔다. 차로 유명한 인도는 몬순 커피로도 유명한데 이 커피에서는 인도의 향신료 냄새가 난다.

인도의 몬순 커피는 가공 방법이 매우 특이하다. 인도 남서부에서 몬순(우기)은 5~6월의 장마인데 이때에는 우기와 건기가 반복된다. 이 기간 동안 약 5일 정도 원두를 펼쳐 놓고 햇볕에 갈퀴질을 반복한 후 원두를 자루에 넣어 몬순 바람을 쐬어 준다. 이 과정을 원두의 향과 색이 바뀔 때까지 약 7주 동안 반복하면 특이한 아로마를 가진 몬순 커피를 얻을 수 있다.

그 외 커피 산지로는 중국, 동티모르, 필리핀 등이 있다.

4) 기 타

(1) 하와이

세계 최고의 스페셜티 커피 중 하나인 코나Kona 커피는 하와이의 코나 지역에서 재배된다. 하와이에서 커피가 재배되는 고도는 평균 250~750m로 높지 않다. 이 지역은 적당한 강수량과 기온, 토양 등 커피 재배에 이상적인 기후적 · 지형적 조건을 갖추고 있다.

코나 커피는 인건비가 비싸고 희소성이 있으므로 고가로 유통된다. 하와이의 코나 커피는 부드럽고 달콤한 맛과 풍부한 너트 향이 일품이다.

(2) 오스트레일리아

호주의 커피는 물량이 많지는 않지만 버번의 변종인 아라비카 종이며, 적당한 산미와 부드러운 향이 있고, 쓴맛이 거의 없는 것이 특징이다.

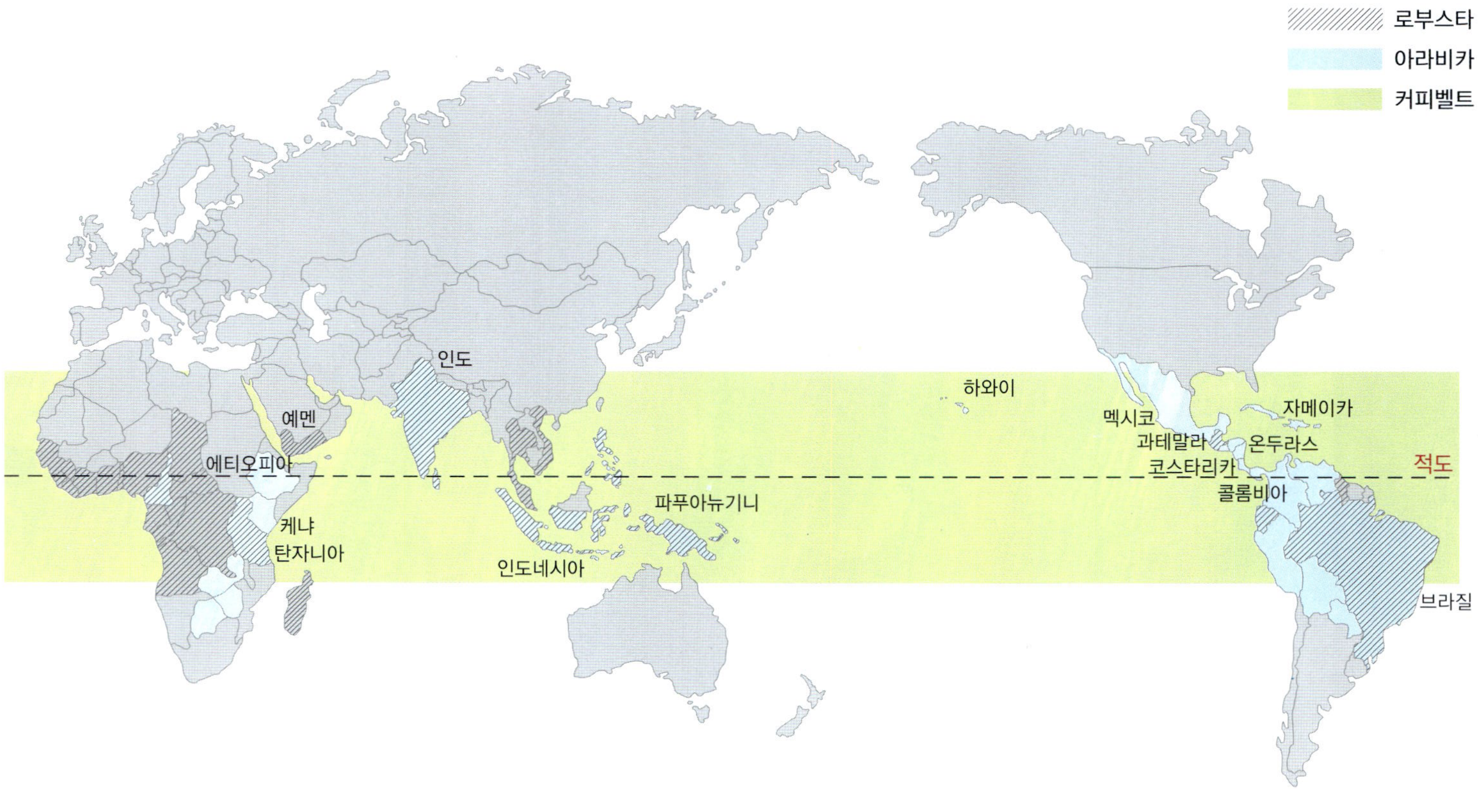

커피벨트 북회귀선과 남회귀선 사이의 커피나무가 잘 자랄 수 있는 지역(남북위 25도 사이/연 강수량 1,500mm 이상의 열대 및 아열대 지역)

Chapter 2

커피학 개론

1. 커피의 식물학적 이해

2. 커피의 품종

3. 생두의 생산 및 가공

Chapter 2

커피학 개론

1. 커피의 식물학적 이해

1) 커피체리

커피는 꼭두서니 과에 속하는 상록수로 커피나무에서 열리는 커피열매의 씨이며, 이 커피열매를 체리(cherry) 혹은 베리(berry)라고 부른다.

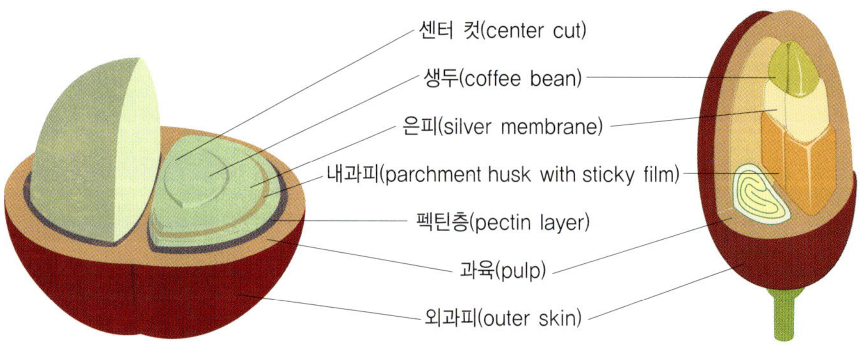

커피체리의 내부 구조

커피체리

내과피로 둘러싸인 생두

과육은 당도가 높지만 두께가 약 1~2mm 안팎이라 과일로는 사용하지 않는다. 커피체리는 외과피, 과육, 내과피, 실버스킨(은피), 생두로 구성된다. 껍질인 외과피 아래 과육이 있고 그 안에 보통 커피 생두 2개가 들어있지만 1개나 3개가 들어 있는 것도 있다. 원두는 내과피와 그 안에 있는 또 다른 은색의 얇은 막에 감싸여 있으며 체리가 익으면 끈적끈적한 점액이 내과피를 다시 감싸게 된다. 체리 한 개에는 납작한 면이 서로 마주 보며 붙어 있는 한 쌍의 길쭉한 반원형 종자가 한가운데에 있는데 이것이 원두이다.

익기 전 커피체리

익어 가는 커피체리

잘 익은 커피체리

커피체리를 으깨면 생두가 나온다.

2) 생두

한 개의 체리에는 일반적으로 2개의 생두가 마주보고 있다. 1개의 체리에 1개의 생두가 있으면 피베리Peaberry라고 하고 1개의 체리에 3개의 생두가 붙어 있으면 트라이앵글Triangle이라고 한다.

수확시 생두는 푸른색을 띠고 풋향이 나지만 시간이 지나면서 노란색으로 변하고 매운 향으로 변화하면서 풋향이 약해진다.

3) 잎

잎은 품종에 따라 조금 다른데 보통 아라비카 종의 경우에는 폭이 좁고 긴 타원형이고, 로부스타 종은 둥글고 아라비카 종에 비해 다소 큰 편이다.

4) 꽃

꽃은 안개꽃같이 희고 작다. 약 2~3일 정도 피는데 수정 후 바로 시들며 수주 후 씨앗이 올라오게 되는데 이것이 시간이 지나면서 커피체리가 된다.

커피 꽃과 잎

2. 커피의 품종

커피는 코페아Coffea 속에 속하는 다년생 상록 쌍떡잎식물이다. 아라비카Arabica, 로부스타Robusta, 리베리카Liberica로 나뉜다.

1) 아라비카 종

헥타르당 평균 생산량은 1,500~3,000kg으로 2,300~4,000kg인 로부스타 종과 비교하면 양이 적은 편이다. 규칙적인 비, 충분한 햇빛을 필요로 한다. 또한 해발 900m 이상의 고산지역에서 생산된다.

생두의 모양은 평평한 타원형으로 길이가 길고 진한 녹색을 띤다.

고급 스페셜티 원두커피 제조시 사용되는 부드럽고 달콤한 맛, 풍부한 향을 지녔고 카페인 함량은 약 1~1.7% 정도이다.

아라비카 종 중 버본Bourbon과 타이피카Typica 종이 가장 오래되고 널리 알려진 품종이지만, 전 세계로 퍼져 나가 재배되면서 카투라Catura, 카투아이Catuai, 문도노보Mundo Novo, 마라고지페Maragogype, 카티모르Catimor 종 등의 변종이 생겨났다.

재배 국가는 브라질, 콜롬비아, 자메이카, 멕시코, 과테말라, 케냐, 인도, 탄자니아, 코스타리카 등이다.

2) 로부스타(카네포라) 종

19세기 말 콩고에서 발견된 로부스타 종은 아라비카 종에 비해 병충해와 추위에 강하고, 성장이 빠르며, 800m 이하의 고도에서도 무난하게 자랄 수 있다.

현재는 총 커피 생산량의 약 30%를 차지한다. 로부스타 종과 코닐론Conilon 종이 대표적 품종이고, 생두의 모양은 동글동글한 짧은 타원형이며, 카페인 함량은 2~3%로, 거칠고 쓴맛이 강하며, 향은 밋밋하다. 인스턴트커피와 캔 커피 제조에 사용된다.

재배 국가는 마다가스카르, 우간다, 콩고, 카메룬, 코트디부아르, 인도, 인도네시아, 타이, 베트남 등이다.

3) 커피의 여러 품종

커피 종자는 지금까지 약 70여 종으로 개량되어 재배되고 있다. 커피 종자의 개량은 보다 많은 수율과 맛과 향이 탁월한 커피를 만들기 위해서 보편적으로 시도되

아라비카와 로부스타의 생물학적 비교

구 분	아라비카	로부스타
연간 기온	15~24℃	24~30℃
경작 고도 (적정 고도)	해발 800m 이상 (1,000~2,000m)	해발 700m 이하 (0~600m)
연강수량	1,500~2,000mm	2,000~3,000mm
병 충 해	약하다	강하다
염색체 수	44개	22개
개화 시기	비가 온 후	특별히 없음
뿌 리	깊은 뿌리	얕은 뿌리
개화부터 수확 까지 소요 기간	8~9개월	10~11개월
수확량	1,500~3,000kg/ha	2,300~4,000kg/ha

고 있다.

다음은 아라비카 및 로부스타의 대표적인 개량된 커피 종자이다.

(1) 타이피카Typica

아라비카 원종origin에 가장 가까운 품종이다. 모양은 긴 타원형으로 끝이 뾰족하고 폭이 좁으며, 길이는 약 1cm 정도이다. 타이피카는 녹병에 취약하여 생산성은 낮으나, 상큼한 레몬향, 꽃향 등을 느낄 수 있고, 달콤한 뒷맛이 있다. 중미에서는 아라비고Arabigo, 크리올로Criollo 등으로 불리기도 한다.

(2) 버본Bourbon

작고 둥근 편이며, 센터 컷(생두 가운데에 있는 굽은 도랑)이 S자형이다. 수확량은 타이피카에 비해 20~30% 많다. 버본 종은 버본 특유의 맛과 향을 갖는데 와인에서 느낄 수 있는 새콤한 맛, 달콤한 뒷맛 등이며, 이를 버본 플레이버라고 부르기도 한다.

아라비카와 로부스타의 특징

품종 / 구분	아라비카		로부스타
	마일드	브라질	
생김새	• 청록색이나 연녹색 • 크고 긴 타원형	• 노란색이나 연녹색 • 마일드 종보다 작고 둥금	• 연갈색이나 황갈색 • 작고 둥금
향 미	• 향기 풍부 • 중간 정도의 중후함 • 좋은 신맛과 단맛	• 중후함이 느껴지고 향기와 신맛이 약하며, 다른 커피콩과 섞었을 때 향미가 잘 어울림	• 향기가 약하며, 맛이 거칠고 신맛이 매우 약함 • 다른 커피콩과 섞었을 때 향미가 잘 어울림
쓰임새	• 스트레이트 커피	• 블렌딩 커피	• 가용성 성분이 아라비카 종보다 2~4% 많고 가격이 싸서 주로 인스턴트 커피에 사용
생산량	약 420만t		약 180만t

(3) 카투라Catura

브라질에서 발견된 버본의 돌연변이로 1937년부터 상업적으로 재배가 시작되었다. 녹병에 강해 생산성이 높고, 생두의 크기는 작고 단단하다.

카투라는 레몬의 상큼한 신맛을 느낄 수 있으나, 타이피카나 버본보다는 단맛이 적다.

(4) 문도노보Mundo Novo

버본과 타이피카(수마트라)의 자연 교배종으로 1950년부터 브라질에서 재배하기 시작하였다. 환경적응력이 좋고 병충해에 강한 장점이 있다. 현재는 카투라와 카투아이와 함께 브라질 주력 상품으로 각광받고 있다. 신맛과 쓴맛의 조화가 탁월하다.

(5) 카투아이Catuai

문도노보와 카투라의 교배종으로 병충해와 강풍에 강하나 생산기간이 10년으로 짧은 것이 단점이다. 맛이 밋밋하다.

(6) 마라고지페Maragogype

타이피카의 변종으로 일반 생두에 비해 비정상적으로 커서 코끼리빈Elephant Bean이라고도 불린다. 브라질의 마라고지페라는 곳에서 처음 발견되었고, 부드럽고 미묘한 단맛을 지녔지만 생산성이 낮다는 단점이 있다.

(7) 카티모르Catimor

1959년 포르투갈에서 처음 시도된 품종으로 아라비카 종 카투라와 로부스타 종 티모르의 교배종으로 병충해에 강하고 생산성이 좋아 동아프리카에서 재배되기 시작하였다. 신맛과 후미에서 짠맛도 느낄 수 있다.

쉬어 가기

루악 커피

인도네시아 등 동남아시아 특정 지역에 서식하는 사향고양이과의 야생 동물인 루악이 잘 익은 붉은색의 커피열매를 먹으면 껍질만 소화가 되고 커피씨앗은 소화가 안 된 채 배설이 된다. 루악 커피는 이 커피씨앗이 뭉쳐진 배설물만을 나뭇가지 위에서 채취하여 양질의 원두만을 일일이 선별하여 깨끗이 세척한 후 햇볕에 잘 말려 만든 커피이다.
그 향기의 독특함과 깊고 부드러운 맛은 타 커피가 따라올 수 없다. 마시고 난 후 입 속에 오랫동안 깊이 남아 있는 독특한 향미와 맛의 여운에 빠져 마니아가 된 사람들은 아무리 비싸도(원두 1kg당 1,000달러 이상) 이 커피만을 고집하게 될 정도이다.

사향고양이의 배설물

3. 생두의 생산 및 가공

1) 커피의 재배 과정

(1) 씨앗 심기

내과피Parchment 상태로 파종하며 파종 시기는 연중 어느 때나 가능하다. 우선 모래판에 내과피를 반쯤만 묻히게 두고 그 위에 젖은 짚을 덮는다. 약 1~2일 후 씨눈이 나오면 이때 묘목용 화분으로 옮겨 심는다. 씨앗이 발아하면 양쪽으로 떡잎이 나오며 이때 짚으로 된 그늘 막을 덮어 주는데 이는 직사광선을 피하고 적당한

이식 전 커피 묘목

습도를 유지시키기 위해서이다. 떡잎이 나오고 약 4~5개월이 지나면 작은 묘목으로 성장하고 크기가 20cm 이상이 되면 농장으로 이식한다.

(2) 열매 맺기

묘목을 농장에 이식하고 3년 정도가 경과한 후부터 체리를 수확할 수 있다. 커피는 품종뿐만 아니라 기후나 토양에 따라 꽃 피는 시기(또는 열매 맺는 시기) 및 수확 횟수가 달라진다. 지대에 따른 기후 차이로 인해 고지대의 경우에는 1년에 한 번, 저지대의 경우 3회 이상 열매를 맺게 된다. 열매 맺는 횟수는 4~10년까지는 수확량이 가장 많고 20년 후부터는 급격히 감소하게 되므로 이때 다시 새로운 나무를 파종한다.

(3) 수 확

아라비카 종의 경우 꽃이 지고 약 6개월 정도가 지나면 열매가 익기 시작하는데 고지대는 저지대보다 더 늦게 열매가 익는다.

커피체리가 충분히 빨갛게 익고 난 후 수확을 하는데 수확 방법은 크게 세 종류

다양한 커피 수확 방법

구 분	핸드 피킹	스트리핑	메커니컬 피킹
특 징	잘 익은 체리만 선별하여 직접 손으로 골라서 수확하는 방식	가지 전체를 사람이 훑어 내리는 방식으로 나무 밑에 천이나 비닐을 깔고 체리, 잎사귀, 나뭇가지 등이 함께 떨어지면 여기서 체리만 선별하여 수확하는 방식	커피나무를 감쌀 수 있는 정도 크기의 기기를 사용하여 체리를 수확하는 방식으로 기기에 달려있는 수십 개의 봉이 진동을 일으키면서 수확하는 방식
장 점	잘 익은 체리만 선별하여 수확할 수 있음	핸드 피킹보다는 노동력 손실이 덜함	대량으로 수확이 가능하므로 시간과 인건비가 절약됨
단 점	노동력 손실 (인건비 상승)	덜 익은 체리까지 함께 수확하게 되어 추후에 선별 과정이 추가됨	덜 익은 체리까지 함께 수확하게 되어 추후에 선별 과정이 추가됨

핸드 피킹으로 잘 익은 커피체리를 수확하는 모습

로, 사람이 직접 손으로 수확하는 핸드 피킹hand-picking, 손으로 전체 가지를 훑어 내려 떨어진 체리를 수확하는 스트리핑stripping, 기계를 이용하여 열매를 수확하는 메커니컬 피킹mechanical picking으로 나뉜다.

(4) 불순물 제거

수확이 끝나면 체리와 섞여 있는 나뭇가지 및 잎사귀 등을 제거해야 하는데 전통 방식으로는 키질을 사용하고 메커니컬 피킹을 이용한 경우에도 키질을 응용한 대형 망을 이용해 불순물을 제거하게 된다.

키질을 통해 불순물을 제거하는 모습

2) 생두의 가공 과정

수확된 생두는 불순물 제거 작업을 거쳐 다양한 방식으로 탈곡 작업을 하게 된다. 커피에서의 탈곡은 생두와 과육을 분리하는 작업을 말하며 크게 자연 건조 방식, 세척 방식, 세미와시드 방식, 펄프드 내추럴 방식으로 나눌 수 있다.

(1) 자연 건조 방식

자연 건조natural dry 방식은 말 그대로 열매를 따서 과육과 함께 햇볕에 말린 후 수작업 또는 기계로 외피, 내피를 제거한 것이므로 그다지 생두의 상태가 좋지 못한 것이 단점이다.

하지만 자연 건조 방식으로 생산된 커피는 체리 과육의 당질이 씨앗에 침투되어 단맛과 바디감이 매우 풍부하다는 특징이 있다.

태양빛이 충분하지 않을 경우에는 인공으로 건조시키기도 한다. 비가 오거나 기온이 내려가면 천막으로 덮어주고, 짧게는 5일, 길게는 4주 정도 지나 수분이 11~13% 정도가 되면 건조가 완료된 것으로 판단하여 저장고에 잘 보관한다.

자연 건조 방식을 사용한 대표적인 아라비카 커피는 브라질 커피와 에티오피아의 하라, 수마트라의 만델링이 있고, 로부스타 커피도 대부분 건식법으로 처리하고 있다.

(2) 세척 방식

세척washed 방식은 체리의 과육을 벗겨 내고 파치먼트 상태에서 건조하는 방식이다. 세척 방식의 과정은 다음과 같다.

1. 잘 익은 커피 열매를 손으로 따서 물통에 넣고 물soaking 위에 뜨는 이물질과 품질이 좋지 않은 열매를 선별한다.
2. 가라앉은 열매만을 과육 제거기에 넣어 껍질을 벗기는데pulping 물로 씻어내도 미끈미끈한 점액질이 붙어있으므로 60~80시간 동안 물에 담가 발효fermenting를 시켜 점액질을 제거한다(발효는 원두 자체의 미생물에 의해 일어

자연 건조 방식

나기도 하고 효소를 첨가시켜 주기도 함).

3 발효가 끝나면 3~5차례 세척한rinsing 후 1~3주 동안 건조sun-drying시킨다(각 작업 단계별로 계속 선별을 하므로 불량두를 거의 찾아볼 수 없음).

4 마른 파치먼트(커피의 깍지)를 벗겨내는 과정hulling 후 등급을 매긴다grading.

세척 방식(수세식)으로 생산된 커피 가운데는 신맛이 강한 우수한 커피가 많고, 자연 건조 방식(일광 건식법)에 비해 시간이 경과함에 따라 품질이 떨어지기 쉽지만 외과피와 내과피의 제거가 자연 건조식보다 깨끗하기 때문에 기타 냄새나 잡맛이 없는 것이 특징이다.

습식법과 건식법 원두를 구분하는 방법은 커피콩을 볶아 낸 다음 원두 가운데 있는 선이 희면 습식법이고, 다른 부분과 같이 짙은 갈색이면 건식법이다.

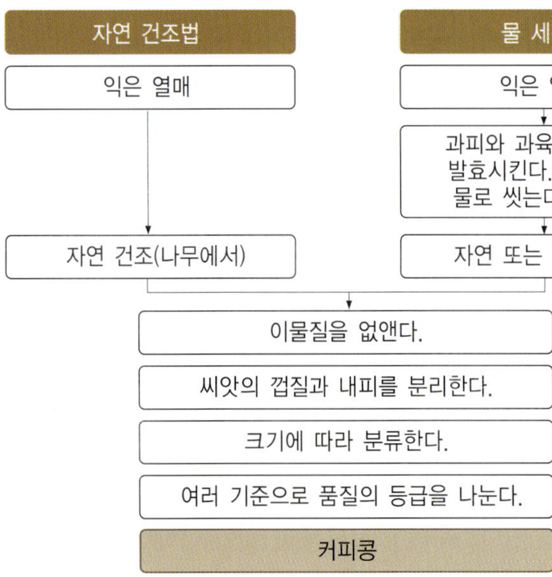

자연 건조 방식과 세척 방식의 비교

세척 방식

(3) 세미와시드 방식

세미와시드semi-washed 방식은 세척 방식과 같지만 중간에 발효 과정을 생략한 건조 방식으로 발효취가 없는 깔끔한 맛이 특징이다.

(4) 펄프드 내추럴 방식

브라질에서 널리 사용하는 펄프드 내추럴pulped natural 방식은 수확 후 커피체리를 가볍게 씻어 껍질만을 분리한다.

파치먼트와 분리 과육이 남아 있는 파치먼트를 건조하는 방식으로 향이 풍부한 커피를 얻을 수 있다는 장점이 있다.

3) 생두의 선별

건조가 끝나고 파치먼트(내과피)가 제거된 커피 생두는 크기, 밀도, 색깔, 함수율, 불량생두(결점두)나 이물질이 섞여 있는 정도 등 일정한 기준에 의해 등급 분류가 이루어진다.

커피 생두를 등급 분류하는 목적은 원만한 커피 로스팅(같은 함수율의 생두라야 고른 로스팅이 가능)을 위함인데, 일반적으로 생두의 크기가 크고, 밀도가 높으며, 10~12%의 함수율을 지닌 밝은 청록색의 생두를 고급 생두라고 한다.

(1) 크기 분류

생두의 크기 분류는 스크리닝screening이라는 작업을 통해서 이루어지는데 일정한 크기의 구멍이 뚫린 판(screen) 위에 생두를 올려놓고 흔들어 작은 생두는 구멍을 통해 밑으로 빠지고 큰 생두는 스크린 위에 남도록 하는 방식이다.

기계식 스크리닝 작업

(2) 밀도 분류

생두의 밀도density는 경작지의 고도와 관계가 있는데, 고도가 높을수록 생두의 밀도도 높아진다. 생두의 밀도가 높다는 것은 세포조직이 치밀하다는 것을 말하고 이는 곧 커피 맛과 향이 풍부함을 의미한다.

(3) 함수율 분류

함수율moisture content이란 생두가 품고 있는 물의 비율을 말하며 통상적으로 11~13%면 양호한 상태이다. 생두 보관시 시간이 흐름에 따라 함수율이 저하되어 품질이 나빠진다. 반대로 수분이 많다고 좋은 것은 아니며, 건조가 덜 된 생두에서는 곰팡이 취가 나기도 한다.

4) 생두의 등급 선별

결점두 및 이물질이 제거된 생두에 등급이 매겨지는데 기준은 국가별로 차이가 있다.

(1) 재배 고도에 따른 등급 책정 방법(과테말라, 온두라스, 멕시코 등)

Grade Point　일반적으로 재배 고도가 높으면 생두의 조밀도가 높아 맛과 향이 풍부하다.

생두의 등급 선별(과테말라 기준법)

분 류	재배 고도(m)
Strictly Hard Bean	1,600~1,700
Fancy Hard Bean	1,500~1,600
Hard Bean	1,350~1500
Semi Hard Bean	1,200~1,350
Extra Prime Washed	1,000~1,200
Prime Washed	850~1,000
Extra Good Washed	700~850
Good Washed	700

(2) 생두 크기에 따른 등급 책정 방법(콜롬비아, 코스타리카, 자메이카, 케냐 등)

Grade Point　크기가 클수록 높은 등급으로 분류되지만 맛과 크기가 항상 비례하는 것은 아니다.

생두의 등급 선별(콜롬비아 기준법)

분 류	스크린 사이즈
Supremo	17 이상
Excelso	15 이상
U. G. Q.(Usual Good Quality)	14 미만

(3) 결점두 수에 따른 등급 책정 방법(인도네시아, 에티오피아 등)

Grade Point　　결점두 수가 적을수록 높은 등급이다.

생두의 등급 선별(에티오피아 기준법)

분 류	결점두 수(개)	비 고
Grade 1	0~3	U.G.Q. 등급 (Usual Good Quality)
Grade 2	4~12	
Grade 3	13~25	
Grade 4	26~45	
Grade 5	46~100	
Grade 6	101~153	
Grade 7	154~340	수출 금지
Grade 8	340 이상	

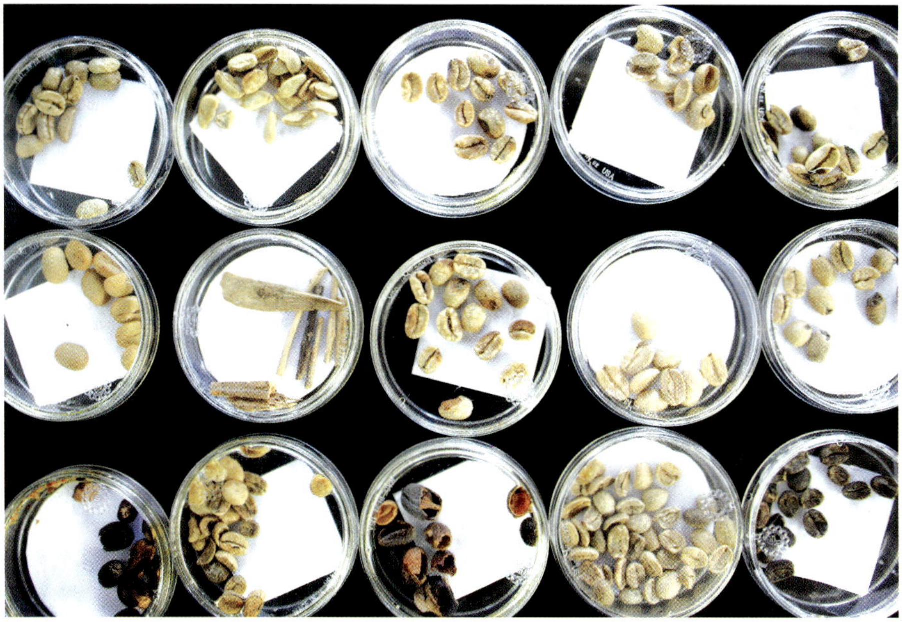

커피 결점두

(4) SCAA에 따른 등급 책정 방법

Grade Point 가공이 끝난 생두 300g의 스크린 사이즈, 중량, 함수율 검사 및 커핑Cupping 테스트를 시행하여 등급을 책정한다.

SCAA
Specialty Coffee Association of America

생두의 등급 선별(SCAA 기준법)

등 급	등급 명칭	등급 기준	커핑 테스트
Glass 1	Specialty Grade	• 300g 안에 5개 이내의 full-defects가 있으나 parchment는 허용되지 않음 • 썩거나 부패한 생두는 허용 안 됨 • 생두 크기는 95%가 18 스크린 이상 • 함수율 9~13% 이내 • body, flavor, aroma, acidity 중 1가지 이상은 특징이 있어야 함	90점 이상
Glass 2	Premium Grade	• 300g 안에 8개 이내의 full-defects가 있으나 parchment는 허용되지 않음 • 썩거나 부패한 생두는 허용 안 됨 단, quaker(덜 성숙됨)는 3개까지 허용 • 생두 크기는 95%가 17 스크린 이상	80~89점
Glass 3	Exchange Grade	• 300g 안에 9~23개 이내의 full-defects가 있으나 parchment는 허용되지 않음 • 썩거나 부패한 생두는 허용 안 됨 단, quaker(덜 성숙됨)는 5개까지 허용 • 생두 크기는 50%가 15 스크린 이상, 95%가 14 스크린 이상	70~79점
Glass 4	Below Standard Grade	300g 안에 24~86개 이내의 full-defects	60~69점
Glass 5	Off Grade	300g 안에 87개 이상의 full-defects	50~59점

(5) 브라질/뉴욕 분류법에 따른 등급 책정 방법

Grade Point 흔히 NY2, NY3 등으로 표기, 샘플 생두 300g 안에 몇 개의 결점 생두와 불순물이 섞여있는가를 기준으로 점수를 매겨 등급을 결정하는 방법이다.

생두의 등급 선별(브라질/뉴욕 기준법)

분 류	No.	결점두	분 류	No.	결점두	등 급	결점두
Black Bean	1	1	Dried Cherry	1	1	NY2	4
Sour	1	1	Floater	2	1	NY3	12
Shells	3	1	Large Rocks/Stick	1	5	NY4	26
Green	5	1	Medium Rocks/Stick	1	2	NY5	46
Broken	5	1	Small Rocks/Stick	1	1	• 3개의 Shell : 1개 블랙빈 • 1개의 큰 돌, 나뭇가지 : 5개의 블랙빈 • Large : 18~20 스크린 • Medium : 15~17 스크린	
Malformed	5	1	Large Skin/Husk	1	1		
Insect Damaged	5	1	Medium Skin/Husk	3	1		
			Small Skin/Husk	5			

5) 포장 및 보관

(1) 커피의 포장

황마나 사이잘삼으로 만들어진 자루에 넣어 보관하는데 한 자루는 통상적으로 60kg(나라별로 다름)이다.

생두 자루에는 생산국가, 수출업자, lot 번호를 인쇄하여 쉽고 간단하게 생두 고유의 정보 파악이 가능하다.

(2) 커피의 보관

- 커피는 반드시 건조하고 통풍이 잘되는 곳에 보관해야 한다.
- 열과 강한 빛을 받아서는 안 된다.
- 적정 온도를 유지해야 한다(약 18℃ 이내, 습도는 40~45%).
- 가능한 다른 식료품으로부터 멀리 떨어진 곳에 보관해야 한다.
- 바닥이나 벽에서 약 20cm 정도 공간을 두고 보관해야 한다.

lot 번호 읽는 방법

구 분	생산국 코드	수출업자	lot 번호
브라질	2		
콜롬비아	0		
과테말라	11	30	535
멕시코	16	2496	909
니카라구와	17	062	085
온두라스	13	49	97
에티오피아	10	086	0824
코스타리카(CR)	5		
수마트라	15	0048	02
케 냐	37	0309	
뉴기니	166		
엘살바도르	9		
미 국	002	2410	0815

창고에 보관 중인 생두 자루

쉬어 가기

생두의 품질에 영향을 주는 요소

흔히 커피 맛은 90%가 생두에 의해 좌우된다고 한다. 생두가 맛이 있으면 로스팅 한 커피 역시 맛이 뛰어나다는 의미이다. 생두의 품질을 구분 짓는 결정적 요인들이 있다. 고도, 토양, 일조량, 강우량이 그 요소라 할 수 있다.

- 고도: 재배 고도가 높을수록 일교차가 심해져서 맛과 향이 좋아지고 생두의 조밀도도 증가한다.
- 토양: 화산재 기반의 토양을 가지고 있는 환태평양 화산대 주변이 주요 커피 생산국인데, 이 지역의 토양이 커피에 풍부한 영양분을 제공해주기 때문이다.
- 일조량: 커피나무는 너무 강한 햇볕에서는 살지 못하기 때문에 자연적인 나무 그늘이 없다면 인공적으로 나무를 심어 나무 그늘(shade grown)을 만들어 적당한 일조량을 조절해주어야 한다.
- 강우량: 질 좋은 커피를 얻기 위해서는 연평균 1,500~1,680mm 정도의 강우량이 적당하다.

고도가 높은 곳에 위치한 커피밭 전경

Chapter 3

커피 로스팅

1. 로스팅의 개념
2. 생두의 평가
3. 로스팅 실전
4. 로스팅 후 원두의 변화
5. 로스팅시 생두 및 원두의 품질 측정
6. 커피 블렌딩
7. 향커피

Chapter 3

커피 로스팅

1. 로스팅의 개념

1) 커피 로스팅의 정의 및 목적

커피 로스팅Roasting이란 좋은 생두를 선별하여 볶는 것을 말하며 '배전'이라고도 한다.

커피 생두는 수분, 지방분, 섬유질, 당질, 카페인, 단백질, 유기산, 탄닌 등 여러 성분을 함유하고 있지만 생두는 이러한 성분들이 활성화된 상태가 아니다. 하지만 로스팅이라는 과정을 거치면 위의 성분들이 모두 활성화된다.

커피 로스팅의 목적은 열을 이용하여 커피 생두가 품고 있는 여러 가지 성분들을 조화롭고, 최적의 상태로 발현시키기 위함이다.

커피 로스팅의 평균 시간과 온도는 로스터 내의 생두의 양에 따라 8~20분, 또는 그 이상의 시간이 걸릴 수도 있으며, 커피 내의 온도가 약 200℃ 이상의 범위에서 로스팅이 이루어진다.

우리가 마시는 커피의 좋은 향미는 커피를 볶을 때, 즉 로스팅 과정에 의해 생성되며, 이 과정에서 캐러멜 반응을 일으켜 단향을 지니고 갈색을 띠게 된다.

커피 로스팅

2) 다양한 로스팅 방법

커피의 로스팅은 화력을 어떤 방식으로 제공하느냐에 따라 직화식, 반열풍식, 열풍식으로 나뉜다. 직화식 로스터는 드럼 내외부에 직접 열을 전달하는 방식으로 로스터의 풍부한 경험이 요구된다. 반면 열풍식 로스터기는 100% 열풍을 이용해 생두를 볶는 방식으로 비교적 안정적인 로스팅이 가능하다. 각 방식의 특징은 다음 표와 같다.

로스팅 방식에 따른 특징 비교

구 분	직화식	반열풍식	열풍식
가열 방식	드럼 내 · 외부에 직접 열 전달	직화식 40~50% + 열풍식 50~60%	열풍 100%
특 징	개성 있는 맛	안정적인 맛	가장 안정적인 맛
예열 시간	30분 이하	최소 30분 이상	최소 30분 이상
댐퍼 기능	민감도 하	민감도 중 이상	민감도 중 이상
로스팅	저온 로스팅	저온 & 고온 로스팅	고온 로스팅
장 점	열효율이 좋음	균형 있는 로스팅이 가능	로스팅 시간이 빠르고 균형 있는 로스팅이 가능
단 점	로스팅의 균일성이 떨어짐	직화식에 비해 열효율 저하	전력 소모가 많음
로스터			

수망 로스팅

1. 긴 나무 손잡이가 있는 로스터와 생두 150~200g, 가스레인지를 준비한다.

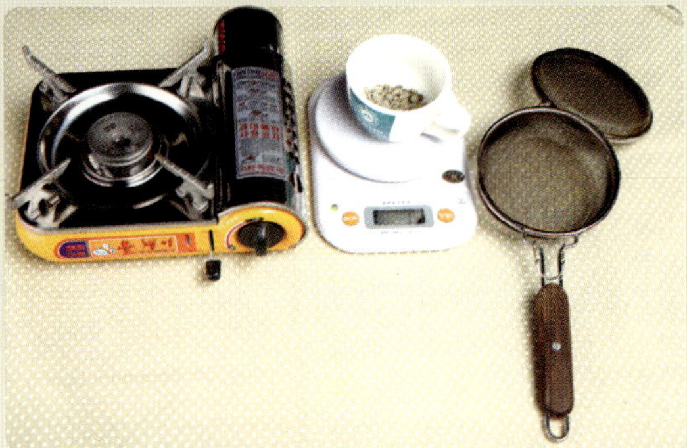

2. 망에 원두를 넣고 뚜껑을 닫은 후 중불에서 약 20cm 가량 떨어져 생두에 골고루 열이 가도록 잘 흔들어 가며 볶는다.

3. 5분 정도 볶은 후 원두의 색깔을 확인한다.

4. 10분 정도 지나면 톡톡 소리가 나기 시작하는데 소리는 정상적인 것이며, 이때 타지 않도록 주의한다.
5. 적당한 색깔로 로스팅이 되었으면 용기에 쏟아 부채나 선풍기로 빠르게 식힌다.
6. 로스팅 후 부피는 늘지만 중량은 약 10~20% 정도 감소한다.
7. 로스팅 과정에서 연기가 나기 쉬우므로 필히 환풍기를 켜둔다.

로스팅 시간 경과에 따른 원두의 색 변화

3) 로스팅 정도

로스팅 정도는 커피를 약하게 혹은 강하게 볶는 정도를 의미한다. 로스팅의 정도는 나라별로 차이가 있다.

미국의 경우 SCAA의 기준에 따라 8단계로 분류하고 있는데, 이는 로스팅시 커피의 색상 변화를 8가지 그룹으로 나누어 로스팅 정도를 제시한 것이다.

일본의 경우 L-value를 사용하여 로스팅 정도를 분류하고 있다.

한국은 아직 커피 로스팅이 활성화되지 않아서 로스팅 정도를 나타내는 지표가 마련된 것이 없고 SCAA나 일본의 체계를 사용하고 있다.

다음에서는 로스팅 정도에 따라 커피의 맛, 향 및 색 등의 특징이 어떻게 변하는지 알아보겠다.

국가별 로스팅 정도(배전도)

구 분	색 상	미국의 Agtron No.	미국의 명칭	일 본 L-value(도)	일본의 명칭
약배전		#95	Extremely Light	27 이상	Light
		#85	Very Light	25~27	Cinnamon
중배전		#75	Light	22.5~25	Medium
		#65	Medium Light	20.5~22.5	High
		#55	Medium	18.5~20.5	City
강배전		#45	Moderately Dark	16.5~18.5	Full-City
		#35	Dark	15~16.5	French
		#25	Very Dark	15 이하	Italian

(1) Light

생두가 아직 부풀지 않은 상태로 퀴퀴한 풀 냄새가 나고 커피 고유의 향은 거의 없다. 이 단계의 커피는 마시지 않는다.

(2) Cinnamon

Light 생두가 부풀기 시작하지만 아직 표면에 주름이 많다. 커피 고유의 향은 약하지만 풀 냄새나 풋향이 사라지면서 고소한 냄새가 나기 시작한다.

(3) Medium

계속 팽창이 되는 시점이다. 커피의 파열음crack이 나기 시작하는 직후의 단계로 고소한 냄새가 사라지면서 커피 본연의 냄새가 나기 시작하는 단계이다. 이때의 커피는 매우 신맛을 낸다.

(4) High

처음의 파열음이 사라지는 정도의 시점으로, 산도가 크게 변하는데 이때의 커피는 신맛이 감소하며 깨끗한 커피 맛을 느낄 수 있다. 이 단계의 커피부터 제품화할 수 있다.

(5) City

신맛은 사라지고 쓴맛이 점점 강해지는 시점이다. City 로스팅 단계는 두 번째 파열음이 들리는 시점으로 판단할 수 있다. 두 번째 팽창이 시작되는 시점으로 이때 쓴맛이 짙어지는 커피가 되며 표면에 기름이 살짝 배어 나오며 품종 본연의 향미가 발현된다.

(6) Full-City

기름이 전체에 돌기 시작하며 중후한 맛과 단맛이 최고지만 신맛은 없다. 고유한 커피 향기가 최고치가 되는 시점이다.

(7) French

두 번째 파열음이 가장 크게 나는 시점이며 기름기가 원두 전체에 번져 흐르고 색상이 검게 변한다. 쓴맛이 강하고 바디감도 좋다. 이때의 커피를 에스프레소 베리에이션 메뉴로 사용하면 맛있는 커피가 된다.

(8) Italian

두 번째 파열음이 마무리되고 탄화되어 커피가 완전히 타버린 상태이다. 터키 커피 정도에만 사용되고 상업적으로는 거의 사용되지 않는다.

생 두

라이트

시나몬

미디엄

하 이

시 티

풀시티

프렌치

이탈리안

로스팅 정도에 따른 원두의 색 변화

산지별 로스팅 포인트

커피 로스팅은 어려운 일이 아니다. 집에서 간단히 프라이팬을 사용한다 해도 원두가 타지 않게 화력을 잘 조절하여 원두 내부가 잘 익도록 볶는다면 맛있는 커피를 맛볼 수 있다. 하지만 왜 로스팅을 어렵다고 말하는 것일까?

같은 품종의 커피를 로스팅해도 로스팅한 사람에 따라서 모두 맛이 다르다. 왜냐하면 같은 품종이라도 볶는 사람에 따라 볶는 온도, 볶는 방법, 로스팅 포인트 등이 모두 다르기 때문이다. 따라서 좋은 생두를 선별하여 그 생두의 특징을 살릴 수 있는 적절한 온도에서 로스팅을 하여 본인에게 맞는 스타일로 추출한다면 개성 있는 자신만의 커피를 맛볼 수 있다.

다음은 한국인들이 좋아하는 산지별 커피의 로스팅 포인트를 나타낸 것이다. 여기에 제시된 로스팅 포인트에 맞춰 커피를 볶을 때 각각 커피 본연의 특징을 가장 잘 살릴 수 있다.

국 가	원 두 명	로스팅 포인트
자메이카	블루마운틴	High
인도네시아	만델링	Full City
인 디 아	APA	Itarian
에티오피아	시다모	French
예 멘	모카마타리	High
케 냐	AA	French
탄자니아	AA	City
하 와 이	코나	High
콜롬비아	수프레모	Full City
브 라 질	산토스	High
멕 시 코	알투라	High
과테말라	안티구아	Full City
쿠 바	크리스탈 마운틴	Medium
엘살바도르	버본	City
코스타리카	타라수 SHB	City
도미니카	파라오네	Medium

2. 생두의 평가

본격적인 로스팅에 들어가기 전에 생두를 평가하는 과정을 거쳐야 한다. 맛있는 커피는 양질의 생두가 기본이다. 따라서 로스팅 작업을 하기 전에 반드시 생두를 평가하여 커피를 로스팅하는 것이 중요하다.

1) 생두의 색상과 아로마

로스팅하기에 좋은 생두의 요건은 균일성!

그 균일성을 구성하는 데 제일 기본이 되는 요소가 색상인데, 수확(덜 익은 콩 picking), 건조(under/over), 보관(summer/winter)를 거치면서 백화 현상 발생) 및 성숙도(immature bean)에 의해서도 색상의 균일성이 달라진다.

생두의 색상과 아로마aroma로 생두의 신선도를 판단할 수 있다. 색이 선명한 그린에 가까우면 수확한 지 얼마 안 된 것new crop일 가능성이 높고, 노란색에 가까우면 오래 전에 수확한 것old crop일 가능성이 높다.

생두의 아로마로도 신선도 판단이 가능한데 생두 고유의 풋향이 날수록 새로 수확한 것일 가능성이 높고, 매운 후추향 등 변질된 향이 나면 오래 전에 수확한 것일 가능성이 매우 높다.

또한 이취異臭만으로도 생두를 판단할 수 있는데 흙냄새가 나면 선 드라이sun-dry일 가능성이 높고, 나무 냄새가 나면 테이블 드라이table-dry를 했을 가능성이 높다. 과테말라 커피의 스모키smoky한 냄새는 화산재의 연기에서 기인한 특징이고, 비린내는 덜 익은 콩에서 나는 냄새이며, 고약한 냄새는 곰팡이에서 기인한다.

생두의 new-crop, past-crop, old-crop 구분 및 비교

수확 년도	색 상	수분 함량	아로마
new-crop	blue green → green	13% 이하	콩의 풋내
past-crop	green → light green	11% 이하	콩의 풋내 → 불쾌한 매콤한 향
old-crop	light green → yellow / white	9% 이하	불쾌한 매콤한 향

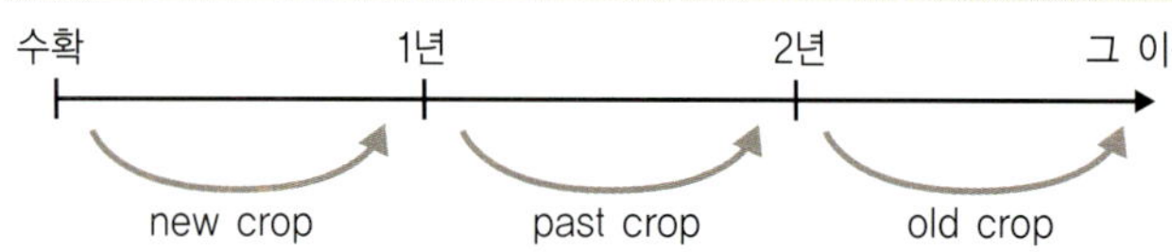

2) 생두의 크기

- screen size 18 = 7.2mm(비교적 평편한 생두의 기본 크기)
- Giant Bean(Elephant Beans) screen size 19(7.6mm) 이상
- Big screen size 18(7.2mm)
- Medium screen size 16~17(6.4~6.8mm)
- Small screen size 14(5.6mm)
- Peaberry screen size 13(5.2mm)

screen size 1: 1/64inch ≒ 0.4mm

크기의 균일성

- Excellent: 표본 300g 중 0~5개 이하
- Good: 표본 300g 중 6~10개 이하
- Fair Bad: 매우 불균일

3) 결점두

로스팅 전에 생두를 검사하면서 덜 익은 것, 벌레 먹은 것, 썩은 것, 발효된 것 등 결점이 있는 생두와 돌, 쇳조각, 마대 부스러기, 다른 작물 등 이물질을 골라내는데, 이는 고급 커피를 생산하기 위해 반드시 거쳐야 하는 과정이다.

결점두의 종류와 그 발생 원인은 다음 표와 같다.

결점두의 종류 및 발생 원인

종 류	내 용	발생 원인	맛의 영향
Stones	돌, 흙	선별 과정에서 실수	-
Twings	나뭇가지	선별 과정에서 실수	-
Black Beans	외부 표면이 1/2 이상 검은 경우	늦은 수확, Sun-dry일 때 흙과 너무 오래 접촉된 경우	쓴맛, 발효된 신맛
Sour Beans	가볍고 겉이 말라 있으며 적갈색 표면을 가짐	늦은 수확 흙과 오래 접촉하여 콩이 발효	시큼한 신맛, 떫은맛
Parchment	건조된 내과피로 싸여 있음	natural : 불완전한 탈곡 washed : 불완전한 과육 제거	-
Shells	조개 형태	유전	쓴맛
Unripe Beans	갈색, 검은색, 녹회색 밝은 노란색을 띤 밝은 녹색	미성숙 단계에서 수확	쓴맛, 신맛, 떫은맛
Broken Beans	깨진 콩	부적절한 건조 불완전한 탈곡	쓴맛
Dry Pod	마르거나 껍질 안 벗긴 콩	불완전 탈곡	떫거나 탄 맛
Husks	껍질, 외과피 조각	불완전 탈곡	떫거나 탄 맛
Weevilled Beans	해충	벌레의 침입	탄 맛
White Beans	흰색	박테리아에 의한 발효 불안전한 보관(습기/환기)	-

점수는 다음과 같이 생두 300g을 샘플링을 하여 이 중 결점두defect bean가 몇 개가 나오는지를 파악하여 커피 등급grade을 매기게 된다.

생두 300g 중 결점두 점수

구 분	개수	결점두 수	구 분	개수	결점두 수
Full Black Bean	1	1	Partial Black Bean	3	1
Full Sour	1	1	Partial Sour	3	1
Dry Cherry/Pod	1	1	Parchment	5	1
Full Insect Damaged	1	1	Broken	5	1
Immature/Unripe	5	1	Malformed	5	1
Foreign Matter	1	1	Floater	5	1
Sever Insect Damaged	5	1	Shell	5	1
Light Insect Damaged	10	1	Hull/Husk	5	1

커피 등급		결점두 수
Grade 1	Specialty	0~3
Grade 2	Premium	0~8
Grade 3	Exchange	9~23
Grade 4	Standard	24~86
Grade 5	off	86 이상

3. 로스팅 실전

1) 드럼의 가열

생두의 함수율이나 조밀도에 따라 생두 투입 전 충분히 드럼을 예열시킨다(190~220℃). 어느 정도 온도까지 가열할 것인가는 로스팅의 여러 가지 조건(생두의 종류, 생두의 함수율, 계절)에 따라 차이를 두어야 한다.

2) 생두의 투입

목표 온도에서 생두를 투입한다. 댐퍼damper는 완전 개방(이취 및 실버스킨 제거)하여 중간 정도의 화력을 유지시킨다.

생두를 드럼에 투입시 생두가 드럼 속의 열기를 흡수함에 따라 내부 온도가 급격히 하강하다가 열을 흡수한 생두의 수분이 증발하면서 온도는 서서히 증가한다.

이러한 과정에서 생두의 종류와 함수율, 계절 등의 변수에 따라 가하는 열, 댐퍼의 조정을 통한 드럼 내부 공기의 배기량과 기압, 드럼의 회전 속도 등을 적절히 조정하여야 한다.

생두가 열을 흡수하기 시작하면서 생두 표면에는 주름이 생기고, 2~4분 경과시 생두 수분이 기화하면서 풀 냄새가 나기 시작한다. 이때 실버스킨의 박리가 시작된다.

생두의 연녹색은 점차 탈색되어 가다가 4~6분 경과 후 생두가 부풀어 오르면서 연노랑→진노랑→연갈색 순으로 색이 변한다.

6~9분 경과 후 색깔은 부드러운 갈색으로 변하며 모양도 매끄러워진다.

3) 1차 크랙

약 9~11분이 경과되면서 원두 내부 수분이 상당히 증발되고, 내부 섬유조직이 팽창·파괴되고 여러 가지 가스 성분들이 분출되면서 원두의 크기는 1.5~2배로 증가한다. 이 과정에서 마치 팝콘 튀기는 듯한 파열음이 들린다(연속음이 종료되는 시점이 1차 크랙이 완료되는 시점).

1차 크랙crack 과정을 통해 원두의 표면은 매끈하게 팽창되고 색상도 고른 갈색을 띠게 된다.

이 상태의 커피를 추출하면 신맛이 강하고 풋내가 난다. 조금 더 로스팅을 하게 되면 원두 내부의 수분은 대부분 증발되고 원두 세포 내부의 다당류 성분이 파괴되면서 당분으로 변화caramelization가 일어난다.

4) 2차 크랙

약 11~14분이 경과되면서 보다 복잡한 화학 반응이 일어나며 원두 내부의 오일 성분이 표면으로 추출된다. 이 오일 성분에 의해 2차 크랙이 일어나는데 마치 깨를 볶는 듯한 소리가 난다. 이때부터는 로스팅의 과정이 더욱 빠르게 진행되며 로스터의 기술과 감각이 더욱 더 요구된다.

이 시점이면 Full City 로스팅 정도에 이르게 되며 여기서 로스팅을 더 진행하면 원두 색은 검은색을 향해 더욱 짙어진다. 신맛이 거의 없어지며 쓴맛이 강한 French 로스팅, Italian 로스팅이 된다.

5) 원두의 배출과 냉각

로스팅이 끝나면 배출구를 열어 냉각기cooling pan, cooling tray로 원두를 배출시키는데 원두 배출에 소요되는 시간은 짧을수록 좋다.

냉각기로 배출된 원두를 가능한 빠른 시간 내에 냉각시키는 것이 중요하며 이 과정에서 실버스킨을 제거하는 것도 중요하다.

6) 원두의 정선

로스팅 전 선별 과정을 거치더라도 로스팅 후에 결점두가 있을 수 있으므로 생두 상태에서 미처 선별하지 못한 미성숙 원두, 과다 로스팅된 원두, 불량 원두 등을 철저히 골라내어야 한다.

$$\text{로스팅 수율(\%)} = \frac{\text{로스팅 후 원두 무게}}{\text{투입한 생두 무게}} \times 100$$

수율 편차가 0.15% 이내이면 일정한 로스팅이라고 규정할 수 있다.

7) 로스팅 후 숙성 단계

로스팅이 완료된 원두는 곧바로 숙성 단계를 거치게 된다. 이때부터 커피 원두의 적절한 숙성과 신선도 유지가 가장 중요한 요건이 되는데 드럼으로 배출된 원두는 신속한 냉각과 정선 과정을 거친 후 약 10시간 정도의 탄산가스 방출 및 숙성 단계를 거치게 된다. 이 과정을 거친 원두는 색이 약간 진하게 변하고 안정된 맛을 지닌다.

원두 속의 일정한 탄산가스는 산패를 지연시키고, 커피의 신선도를 나타내는 지표가 된다.

원두는 숙성 단계를 거친 후 서늘하고 어두운 장소에 완전한 밀봉 상태로 보관해야 한다.

4. 로스팅 후 원두의 변화

1) 물리적 변화

(1) 색상의 변화

로스팅 후 원두에 일어나는 가장 큰 변화는 색상의 변화이다. 녹색의 생두는 노란색을 거쳐 밝은 갈색, 갈색, 짙은 갈색, 검은색으로 변화하며 각 단계마다 미세한 색의 변화를 발견할 수 있다.

생두의 종자, 함수율, 조밀도, 가공 방법에 따라 변화되는 시점에는 차이가 있지만 색의 변화는 동일하다고 볼 수 있다.

(2) 부피의 증가

로스팅 후 생두의 부피는 증가된다. 로스팅된 원두의 부피 증가는 길이, 폭, 높이에 걸쳐 일어난다.

쉬어 가기

훌륭한 로스팅을 위한 Tip

로스팅 온도

'적정 로스팅을 위한 일률적인 기준 온도' 의 설정과 제시는 현실적으로 불가능하다. 그러므로 오랜 경험을 통한 숙련이 필요하다.

Deep 로스팅

원두의 표면 상태나 색깔뿐만 아니라 원두의 속(원두의 안과 밖)까지도 목적하는 로스팅이 완벽하게 이루어질 수 있도록 하는 로스팅 기법이다. 화력 조절이 매우 중요하다.

배기 시스템

로스팅 과정에서 박리된 실버스킨과 발생되는 가스를 드럼으로부터 완벽하게 흡입할 수 있어야 한다. 배기 시스템은 드럼의 배기 시스템과 냉각기의 배기 시스템으로 구분되며, 댐퍼의 개방을 통해 강약이 조절된다.

로스팅 종료 후 원두 배출

적어도 5~6초 이내에 배출한다(가능한 빠른 순간에 배출). 적절한 드럼 구조(기울기), 충분한 크기의 배출구가 요구된다.

로스팅 포인트를 맞추지 못하였을 경우

원두가 냉각되기 전에 가능한 빨리 드럼에 재투입하여 2차 로스팅을 시행한다. 이렇게 하면 색상은 목적하는 바에 도달 가능하나, 맛과 향까지는 기대하기 힘들다.

기타

로스팅 전에 반드시 원두의 오일과 당 성분으로 덮여 있는 드럼과 냉각기를 청소해야 한다. 한 대의 드럼으로 로스팅 정도가 다른 커피를 연속 작업할 경우에는 약한 로스팅부터 시행한다.
(City 로스팅→Full-City 로스팅→French 로스팅)

로스팅 중 화력을 받으면서 원두는 내부 조직에서의 증기와 가스 발생을 일으키는 화학 반응을 통해 높은 내압이 형성되고 이를 통해 부피가 팽창된다.

원두의 부피가 팽창되는 데 반해 실버스킨은 이 팽창 정도를 따라오지 못하므로 로스팅 단계에서 벗겨지게 된다.

부피 변화 시점은 품종에 따라서 다르고, 조밀도에 따라서도 달라서 조밀도가 높은 단단한 품종은 그렇지 못한 품종보다 부피 변화가 늦게 시작된다.

로스팅 시간이 지속됨에 따라 부피 변화는 줄어든다. 커피는 지속적 열 공급에 내부 조직이 확장되다가 어느 시점이 되면 다시 일정 부분의 부피가 줄어든다.

(3) 무게의 감소

로스팅 중 원두의 무게 감소는 생두의 수분 증발, 가스 방출과 매우 밀접한 관계가 있다. 총 무게 감소는 약 12~23%로 변화 폭이 매우 크다.

로스팅 중 원두의 무게 감소는 대부분 수분 감소에서 기인한다. 또한 실버스킨, 이산화탄소, 일산화탄소, 질소, 휘발성 성분 역시 무게 감소의 원인이 된다.

(4) 밀도의 감소

로스팅 중 원두의 무게 감소와 부피의 팽창으로 밀도는 감소한다.

(5) 수분의 증발

수분 증발은 두 단계로 일어나는데 100℃까지는 증발 현상evaporation이 일어나고 100℃ 이상이 될 때는 기화vaporation 현상이 일어난다.

원두의 수분은 생두 상태일 경우 약 8~13%인데 로스팅 후 수분 함량을 측정해 보면 약 0.5~3.5%로 감소한다. 물론 감소 폭은 커피의 품종이나 배전 시간, 배전 정도에 따라 달라질 수 있다.

앞에서 말한 증발 현상은 원두의 자유수free water에서 기인하는데 100℃까지 오르기 전에 원두의 수분은 로스팅 중 공기 중으로 흡수되어 버린다. 이 때문에 로스팅 중 원두가 쪼그라드는 현상이 일어난다. 또한 수분이 끓는 시점인 100℃가 넘어가게 되면 수분은 기화되기 시작한다. 원두 내부의 수분이 기화되는 과정에서 내부 압력은 증가되고 이로 인해 원두 조직의 부피 역시 팽창되며 다공질의 모양이 형성되는 것이다.

(6) 오일의 발생

커피의 지질은 대부분 세포 내부에 액체 상태로 존재하는데 커피의 세포 구조는 매우 단단하므로 지질이 안에 머물러 있다. 하지만 로스팅이 진행되면서 커피의 내부 조직이 가스 발생으로 인해 열리게 되고 이 길을 따라 지질이 커피 표면으로 이동이 가능해진다. 따라서 생두를 어느 시점 이상으로 로스팅하게 되면 커피 표면에 오일이 발생하는 것이다.

2) 화학적 변화

커피는 로스팅 중에 매우 다양하고 복잡한 화학적 반응을 일으킴으로써 휘발성 방향 물질이 활성화된다.

학계에 보고된 바에 의하면 로스팅 후 커피는 약 1,000개에 달하는 휘발성 향미 화합물로 구성된다고 한다. 물론 그 양은 커피의 0.1% 정도밖에 되지 않지만 관능에 매우 중요한 영향을 끼치게 된다.

(1) 캐러멜화

당류가 포함된 성분을 가열하게 되면 단당류의 일부에서는 캐러멜 반응이 일어난다. 캐러멜 반응의 전형적인 과정은 과당fructose에서 말톨maltol이 생기는 것인데 이는 기분 좋은 단향을 내는 수용성 화합물이다. 커피에서의 캐러멜 반응은 커피의 갈색과 단향을 내는 중요한 역할을 한다.

쉬어 가기

원두의 무게 변화

수분의 함량과 로스팅 정도에 따라 무게의 변화는 다르다. 생두를 약하게 볶으면 내부 수분이 적게 증발되나 강하게 볶으면 수분의 증발이 많아 가벼워진다.

예) 1kg 생두를 로스팅할 경우 무게 변화

- 약한 로스팅(Light Roasting): 12~15% 정도 감량, 약 850g 생산
- 중간 로스팅(City Roasting): 17~20% 정도 감량, 약 800g 생산
- 강한 로스팅(French Roasting): 25% 정도 감량, 약 750g 생산

(2) 메일라드 반응

메일라드mailard 반응은 환원당이 효소 작용 없이 아미노산과 반응하는 것이다. 커피의 대부분의 향미 성분들(ketone, furane, aldehyde)과 색깔(melanoidin)은 메일라드 반응에 의해 형성되므로 커피에 있어 매우 중요한 반응이라 할 수 있다.

또한 쓴맛을 내는 화합물의 대부분도 메일라드 반응을 통하여 생성되는데 피롤린pyrrolin과 수크로오스sucrose로부터 이루어진 물질들은 극도로 쓴맛을 낸다.

(3) 열분해 반응

열분해pyrolysis 반응은 말 그대로 복합 화합물이 열로 인해 분해되는 반응인데 이 반응이 커피에서도 일어나면서 맛과 향에 영향을 미치는 성분을 발생시킨다. 생두의 클로로겐산chologenic acid은 로스팅 과정에서 분해되어 페놀phenol을 형성한다. 클로로겐산의 분해 산물(휘발성 향미 화합물, 페놀류)은 커피의 쓴맛, 신맛, 떫은맛에 기여하기 때문에 열분해 반응은 커피의 향미에 매우 중요하다. 로부스타가 아라비카보다 쓴맛이 강한 이유는 클로로겐산 함량이 높기 때문이다.

(4) 가수분해

가수분해hydrolysis는 물의 작용으로 인해 화합물이 만들어지는 것을 말하는데 커피에 있어서는 클로로겐산의 일부가 가수분해를 통해 퀸산quinic acid과 카페익산caffeic acid으로 분해된다.

로스팅을 장시간 하게 되면 생두에 존재하는 구연산citric acid과 말산malic acid이 분해되면서 석신산succinic acid, 푸마르산fumaric acid, 시트라콘산citraconic acid, 말레산maleic acid 등으로 새로운 산이 생성된다.

(5) 산화

산화oxidation는 산소에 의해 일어나는 화학적 반응이다. 모든 산화 반응은 에너지를 생산하는데 커피의 로스팅 중에서 에센셜 오일essential oil은 커피의 온도가 높을 때 산화하여 펜탄올pentanol이나 헥산올hexanol 같은 휘발성 알데히드류로 변화된다. 알데히드류는 실제로 커피 향미에 상당한 영향을 끼친다.

(6) 디카르복실레이션decarboxylation

원두 온도가 약 200℃가 될 때 이산화탄소의 생산이 급격히 증가한다. 물론 앞서 살펴본 바와 같이 메일라드 반응, 열분해, 산화 등에서도 이산화탄소와 일산화탄소가 생성된다. 이렇게 생성된 가스는 원두의 내압을 상승시키며 반투과성의 세포벽을 뚫고 빠져나오게 된다. 하지만 이때 빠져나오지 못한 가스들은 원두에 남아있게 되는데 이 산존 가스는 배전도와 시간에 크게 좌우된다. 로스팅 정도가 높고 시간이 짧으면 잔존 가스 함량은 증가한다.

생성된 가스는 반 정도는 즉시 방출되지만 반은 조직에 남아 향기 성분이 공기 중의 산소와 접촉하는 것을 막아준다.

로스팅된 원두를 포장할 때는 탄산가스가 방출되어 포장을 팽창시키지 않도록 미리 탈기하거나 밸브를 부착해야 한다.

밸브
외부로 가스를 지속적으로 방출하는 기구

3) 맛의 변화

생두를 로스팅하면 당분이나 유기산, 카페인, 무기질 등의 성분이 화학 반응을 하여 신맛, 단맛, 쓴맛, 떫은맛, 고소한 맛 등이 생성된다.

이러한 맛 성분은 주로 가용성인데 커피의 종류에 따라 다르며 대체로 끓는 물에서 16~20% 추출되며 당분, 단백질, 클로로겐산, 유기산, 트리고넬린trigonelline 등으로 구성된다.

(1) 신맛

- 클로로겐산chlorogenic acid, 옥살산oxalic acid, 말산malic acid, 시트르산citric acid 등과 같은 유기산이며 pH나 산도로 표기된다.
- 로스팅 정도에 따라 달라지며 Light, Cinnamon 로스팅일 때 가장 강하다.
- 아라비카 종이 유기산이 많아 pH 4.9~5.1로 신맛이 강하고, 로부스타 종은 pH 5.2~5.6 정도이다.

(2) 단맛

- 환원당, 캐러멜당, 단백질 같은 성분이 단맛을 구성한다.
- 커피의 품종과 로스팅 정도에 따라 다르다.
- 아라비카종이 더 강하며 French 로스팅 정도로 강하게 볶을 때 증가한다.

(3) 쓴맛

- 알칼로이드인 카페인과 트리고넬린, 카페익산caffeic acid, 퀸산quinic acid 등의 유기산, 레놀릭 화합물이 쓴맛을 구성한다.
- 로부스타 종이 더 강하며 강하게 볶아 탄화가 일어나면 증가된다.

4) 향기 성분의 생성

생두의 당분, 아미노산, 유기산 등은 로스팅 과정에서 갈변 반응 등을 거치면 향기 성분이 된다.

중량의 0.5% 미만인 700~2,500ppm으로 매우 적은 양이지만 커피의 가장 중요한 품질 요소인데 이는 커피 맛에도 영향을 준다. 볶은 커피의 향기 성분은 커피의 품종, 재배 고도, 가공과 로스팅 방법, 로스팅 정도에 따라 달라지는데 아라비카 종이 로부스타 종보다 좋고, 물 세척법이 자연 건조법보다 좋으며, 저온 장시간 로스팅이 고온 단시간 로스팅보다 좋다.

생두 고유의 향은 수분 증발향, 생두향, 단향, 단향과 신향, 신향, 신향과 커피 고유의 향, 커피 고유의 향, 향의 감소, 향의 소멸의 과정으로 변한다.

5. 로스팅시 생두 및 원두의 품질 측정

커피를 유통하는 대규모의 커피 공장에서는 로스팅 전 · 후 커피의 품질 평가를 위해 관능평가와 함께 반드시 커피의 물리적인 실험(coffee physical test)을 시행한다.

1) 로스팅 전 생두의 품질 측정

수분 측정기

(1) 생두 수분 함량 테스트

생두 안의 수분 함량을 측정한다.

(2) 결점두 평가

Full Black, Shell, Immature 등 생두의 결점 사항을 Primary, Secondary Defect로 구분하여 생두의 품질을 평가하는데 타이머로 5분을 세팅한 후 시간 내에 결점두를 분류한다.

(3) 생두 밀도 평가

생두도 식품이므로 밀도 측정은 미국 공인분석화학회인 AOAC; Association of Official Agricultural Chemists에서 제시하는 방법으로 측정한다.

밀도 측정기를 사용하거나 밀도 계산법(밀도=질량/부피)을 이용하여 산출한다. 생두를 컵에 가득 부은 후 저울을 이용하여 무게를 측정하고 이것을 메스실린더를 이용하여 부피를 측정한 후 위의 공식으로 밀도를 계산한다.

2) 로스팅 후 원두의 품질 측정

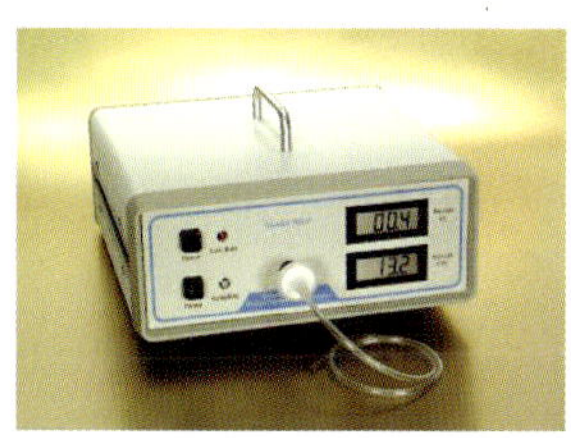

산소 함량 분석기

(1) 산소 및 이산화탄소 함량 분석

커피의 신선도는 커피 포장시 산소 및 이산화탄소의 함유량과 매우 밀접한 관계가 있으므로 커피 포장지 안의 산소 및 이산화탄소 함량를 측정한다.

0.001, 1.00, 20.1% 스탠다드 산소 탱크로 측정한다. 압력은 최대 100psi 이하로 조정한다.

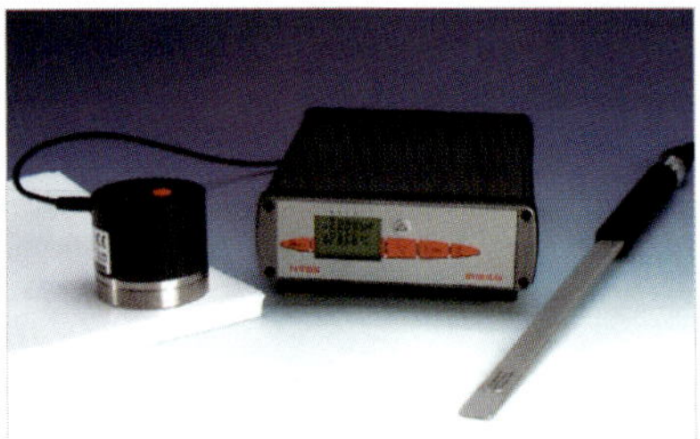

수분활성도 분석기

(2) 수분활성도 분석

수분활성도란 미생물이 이용할 수 있는 수분을 의미하며, 유통기한과 상관관계가 있다. 방법은 소원형 트레이 높이의 반 정도 샘플을 주입 후 측정하는데 분석에 약 5분 정도의 시간이 소요된다.

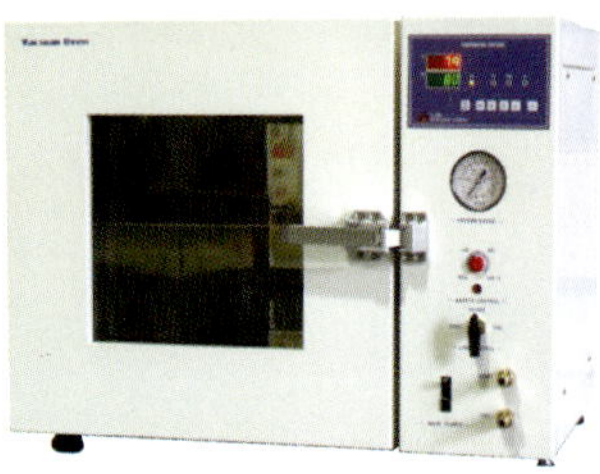

진공 오븐

(3) 수분 함량 분석

로스팅된 홀 빈whole bean 혹은 그라인드 빈grinded bean 안의 수분 함량을 측정(진공 오븐 사용, 각 샘플링 2개씩)한다. 은박 트레이에 샘플 3g을 넣고 70°F에서 16시간 건조 후 중량을 체크(저울, 컴퓨터 프로그램 동기화시킴)하는 방식으로 측정한다.

아그트론

(4) 로스팅 컬러 분석

로스팅된 홀 빈 혹은 그라인드 빈의 색을 아그트론Agtron 분석을 통해 평가한다. 원형 트레이에 평평하게 샘플을 담은 후 측정하는데 3회 반복한다. 검정, 회색을 기준으로 측정한다.

(5) TDS 분석(Total Dissoluble Solid Test)

추출한 커피용액 안의 총 가용성 성분의 함량을 측정하는 것으로 관능평가시 추출한 샘플 100g을 비커에 넣어 컨벡션 오븐 90°F에서 16시간 건조 후 중량을 측정한다.

(6) pH 분석

추출된 커피용액의 pH를 측정한다.

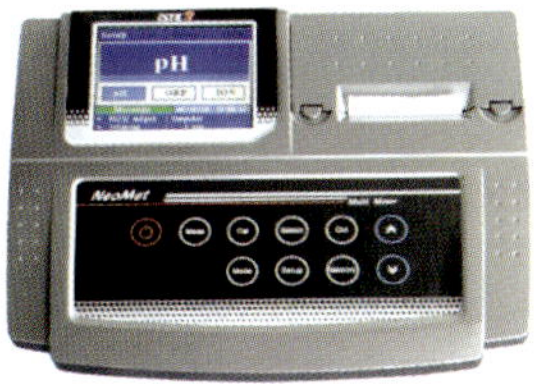

pH 미터

(7) 그라인딩 사이즈 분석

그라인드 빈의 경우 샘플 100g을 Ro-Top을 이용하여 입자의 분포도를 분석한다. 스크린screen 12, 16, 20, 30, pan을 사용하여 분석한다.

(8) 커피의 파손율 테스트(Breakage Test of Roasted Coffee)

스크린을 통과한 빈의 무게를 재서 평가한다. 100g을 샘플링하여 테스트하여 100g 중 95% 이상이 스크린 위에 남아있어야 한다. 즉 스크린을 통과한 것이 5% 미만이어야 한다.

스크린을 통한 크기 분류 중인 시료

커피 전문점에서는 어떤 종류의 커피를 사용할까?

과거에는 외국계 커피 전문점이 대세였으나 이제는 개인이 운영하는 커피 매장을 쉽게 발견할 수 있다.

커피 전문점에서 판매하는 커피는 크게 두 종류로 나눌 수 있는데 핸드 드립용으로 애용되어 산지 커피 자체의 맛을 느낄 수 있는 산지별 커피(단종 커피)와 에스프레소 커피 매장에서 주로 사용되는 에스프레소용 블렌딩 커피가 그것이다.

산지별 커피를 주로 핸드 드립을 이용하여 마시는 이유는 그 커피가 생산된 원산지의 맛을 그대로 살려 맛을 볼 수 있기 때문인데, 각 생두의 특징을 고려하여 로스팅한 커피를 전문가가 손으로 직접 내려야 하는 정성 때문인지 에스프레소 커피보다는 비교적 판매가가 높다.

에스프레소 커피는 주로 블렌딩 커피를 쓴다. 에스프레소 커피는 커피 고유의 특징보다는 전체적인 균형감에 더 초점을 두기 때문에 굳이 비싼 산지별 단종 커피를 쓰지는 않는다. 오히려 커피 매장이나 브랜드가 표방하는 커피의 특색을 살려 커피를 블렌딩하여 쓰는 것이 일반적이다. 커피를 블렌딩할 때에는 주로 무난한 맛의 커피를 베이스 커피라 하여 30~50% 내외로 사용하는데 보통 콜롬비아나 브라질 커피가 베이스 커피로 애용된다. 그리고 나머지 비율을 원하는 특색을 지닌 커피 종류를 선택하여 적게는 2종류, 많게는 5종류 정도를 통상적으로 정하여 블렌딩을 하게 된다.

다음은 스타벅스와 커피빈 앤 티리프에서 사용하는 에스프레소 블렌딩 커피에 대한 설명이다.

스타벅스의 블렌딩 방법

1. 블렌딩을 하기 위해서는 사용하는 커피를 특성별로 나누는 작업을 해야 합니다.
2. 블렌딩에 사용하는 커피의 품질 수준이 비슷해야 합니다. 질이 떨어지는 빈은 그 부족한 맛이 전체에 영향을 끼쳐 맛을 떨어뜨립니다. 반면에 상대적으로 품질이 좋은 빈이 섞이게 되면 조화를 깨뜨릴 뿐만 아니라 단품으로 더 가치가 있는 빈을 배합에 쓴다는 것은 비경제적인 일입니다.
3. 로스팅에서 그린빈의 성향을 얼마나 잘 표현했는지도 보아야 합니다. 불완전한 로스팅에서 나온 커피빈으로 만족할 만한 배합이 이루어져 원하는 향미를 표현했다 하더라도 나중에 제대로 로스팅된 빈을 사용할 경우 완전히 다른 맛을 낼 것입니다.
4. 원하는 그린빈의 안정적인 확보를 들 수 있습니다. 비슷한 성향을 가진 그린빈으로 대체해서 맛을 지킬 수 있는 가능성은 있지만 쉽지 않은 작업이며 또 비슷한 빈을 찾느라 그만큼 품질 관리에 집중할 수가 없게 됩니다.

에스프레소 로스팅

스타벅스 에스프레소 음료의 핵심이 되는 커피입니다. 라틴 아메리카 커피와 인도네시아 커피가 혼합되어 풍부하고 부드러운 깔끔한 맛과 함께 달콤한 캐러멜 향이 잘 조화를 이루어 맛을 내는 것이 특징입니다.

(www.istarbucks.co.kr에서 발췌)

커피빈 앤 티리프의 블렌딩 방법

커피빈 앤 티프(The Coffee Bean & Tea Leaf)는 1963년부터 특질의 커피를 수입해 가공해 왔습니다. 우리는 전세계 커피 재배지에서 원산지 별로 최상품 커피를 수입해 왔습니다.

원산지에 상관없이 커피의 질을 결정하는 데는 두 가지 요소가 있습니다. 커피 재배지의 고도와 커피 가공 준비 과정이 그것입니다. 커피는 높은 고도에서 오랫동안 성장할수록 농축된 맛을 냅니다. 이 커피를 손으로 따서 말린 후 엄격한 기준으로 분류하여 최상품 원두를 만듭니다.

"Fresh roast daily"는 창립자 허버트 하이먼과 모나 하이먼이 처음으로 개점했던 캘리포니아 브렌트우드에서 커피를 가공한 이후로 면면히 이어오는 저희의 모토입니다. 저희는 캘리포니아 카마리요의 로스팅 설비공장에서 매일 한 번에 소량의 커피를 볶습니다. 마스터 로스터가 각 회분 완벽하게 로스트 되도록 그 과정을 철저히 감독합니다. 그렇게 하여 고객이 최상의 신선도와 탁월한 맛을 즐길 수 있도록 갓 볶아낸 신선한 커피를 전 상점에 신속히 운반합니다.

에스프레소 로스팅

에스프레소 블렌드는 중남미와 인도네시아의 여러 가지 원두로 만듭니다. 한 번 또는 두 번을 볶아서, 캐러멜 향과 쌉싸래하고 달콤한 끝 맛의 복합적인 블렌드입니다.

(www.coffeebeankorea.com에서 발췌)

6. 커피 블렌딩

1) 커피 블렌딩의 정의

커피 블렌딩blending이란 조화롭고 균형 잡힌 맛과 향기를 내기 위해 서로 다른 두 가지 이상의 커피를 혼합하는 것이다. 흔히 단품 커피의 결점을 보완하는 의미로 블렌딩을 하기도 한다. 이런 의미에서 커피 블렌딩은 새로운 맛의 창조라고도 말할 수 있다.

2) 커피 블렌딩의 의의

(1) 맛과 향기가 다양해지고 풍부해진다

여러 커피를 배합함으로써 다른 맛과 향기가 보완이 되기 때문이다.

(2) 커피 품질을 일정하게 유지할 수 있다

커피의 품질이 일정하지 않고 공급이 원활하지 못할 때는 맛과 향기가 비슷한 그룹의 커피로 대체하여 배합함으로써 품질을 효과적으로 보완하고 유지할 수 있다.

(3) 대체용 커피콩을 배합함으로써 비용 절감이 가능하다

커피의 품질을 높이려면 고급 커피를 써야 하는데 이때 고급 커피와 맛과 향기가 비슷하면서도 저렴한 대체 콩을 배합하면 경제적이고 품질 유지도 가능하다.

(4) 유명한 커피 이름을 브랜드로 씀으로써 마케팅 효과를 얻을 수 있다

블루마운틴 커피나 하와이 코나 커피는 매우 고가의 고급 커피이다. 따라서 이 커피들을 10~30% 정도 적당히 블렌딩하여 블루마운틴 스타일 커피나 하와이 코나 블렌딩 커피로 시중에서 판매되고 있다.

3) 커피 블렌딩 방법

커피 블렌딩의 방법은 로스팅 전에 생두를 블렌딩하는 방법과 로스팅한 후 커피 원두를 블렌딩하는 방법이 있다. 로스팅 후에 커피 원두를 블렌딩하는 방법은 숙련된 로스팅 기술이 필요하므로 대부분의 로스터들은 균일하고 일정한 맛을 내기 위해 로스팅 전 생두를 블렌딩하는 방법을 선호한다.

로스팅 전에 블렌딩할 경우, 일단 로스팅한 후 원두의 색이 고르게 되어 보기에 좋고, 저급한 생두를 적당히 블렌딩해도 로스팅 과정에서 어느 정도 중화될 수 있다.

반면, 로스팅 후 블렌딩의 경우 다양한 생두를 각각 로스팅하여 배합하게 되므로 개별 원두의 재고에 신경을 써야 하고, 관리상의 여러 문제가 발생할 수도 있다.

세계적으로 유명한 커피 블렌딩 배합

종 류	배합 재료와 비율(%)	볶음 정도
중후하고 맛이 조화로운 블렌딩	브라질 40 모카 30 콜롬비아 30	Full-City 로스팅
신맛과 향기가 있는 블렌딩	콜롬비아 40 멕시코 20 브라질 20 모카 20	City 로스팅
중후하고 감칠맛 있는 블렌딩	브라질 30 콜롬비아 30 과테말라 20 모카 20	City 로스팅
좀 쓰면서 달콤한 블렌딩	브라질 30 콜롬비아 30 엘살바도르 20 자바 20	Full-City 로스팅
맛이 강한 유럽풍 블렌딩	과테말라 30 콜롬비아 30 브라질 20 짐바브웨 20	French 로스팅 Italian 로스팅

블렌딩 방법에 따른 장단점 분석

구 분	장 점	단 점
로스팅 전 블렌딩	로스팅 과정에서 각각의 커피 맛을 중화시키면서 전체적으로 고른 색깔의 원두를 얻을 수 있음	생두별로 밀도와 peak roasting이 다르고 건조 방식(수세, 자연건조)에 따라서도 생두가 열을 품고 발산하는 정도가 다르므로 색은 균일할 수 있지만 진정한 의미의 고른 로스팅이라고 할 수는 없음
로스팅 후 블렌딩	각각의 생두를 peak roasting 한 후 로스팅된 원두를 혼합하는 것으로 풍부한 맛과 향을 얻을 수 있음	각 원두의 로스팅 정도가 다를 수 있으므로 블렌딩된 커피의 색깔은 로스팅 전 블렌딩에 비해 균일하지 않을 수 있음

peak roasting
각 원두의 맛을 최대로 살릴 수 있는 로스팅 정점을 말함

7. 향커피

1) 향커피의 정의

향커피flavored coffee란 커피에 어떤 종류의 향료를 첨가한 커피이며, 커피와 향시럽의 배합 비율은 일반적으로 97 : 3(100g의 향커피 예)이 쓰인다.

2) 향커피의 제조 방법

(1) 로스팅 과정에서 향시럽 첨가

보다 강한 향이 원두에 스며들게 하고 그 향이 원두 속에 갇혀 있게 함으로써 추출된 커피에서 강한 향이 살아나게 하는 방법이다.

(2) 막 로스팅이 끝난 80~90℃의 뜨거운 커피에 향시럽 첨가

향시럽에 뜨거운 원두를 버무리면 향시럽이 원두 속 깊이 스며들 수 있으며 이렇게 스며든 향시럽은 뜨거운 원두가 냉각되면서 원두 속에 갇히게 된다.

(3) 완전히 냉각되고 1~2일 정도 숙성 기간을 거친 원두에 향시럽 첨가

상품으로 포장되기 하루 전 정도에 향시럽을 첨가하는 것으로 앞의 방법에 비해 향의 흡수 효과는 떨어지고 추출된 커피에서도 강하지 않은 은은한 향이 나게 된다. 이 공정의 장점은 신선한 커피를 가지고 필요에 따라 여러 가지 향을 만들 수 있다는 데 있다.

3) 향커피와 건강

비교적 품질이 떨어지는 생두에 향을 지닌 오일을 첨가한 것으로 1970년대 미국에서 선보였다.

이때 등장한 향커피는 바닐라향과 열대 개암 열매의 향을 넣은 바닐라 헤이즐넛, 아이리쉬 위스키향과 크림향을 넣은 아이리쉬 크림, 산딸기와 초콜릿향을 가미한 초콜릿 라즈베리, 피칸향을 첨가한 서던 피칸 등이 있다.

우리나라에서는 향긋한 향기 때문에 헤이즐넛 커피가 인기를 끌었는데 커피 전문가들은 향커피의 원료는 대부분 오래된 좋지 않은 원두를 사용하며 인공향료를 쓰기 때문에 건강에 좋지 않다고 한다.

최근에는 자연향을 첨가한 제품이나 건조한 과육을 원두에 섞어서 그라인딩시 자연스럽게 맛이 배어들도록 한 제품도 출시되고 있다.

쉬어 가기

커피 블렌딩의 법칙

- 커피는 품종마다 서로 다른 맛과 개성을 가지고 있어서 종합적인 맛을 즐길 수가 없으므로 특정한 맛이 부족한 원두와 그 맛을 보충해줄 수 있는 원두를 섞는 블렌딩 공정을 거친다(업체마다 원두의 블렌딩 공식은 기밀임).
- 약간 부드러운 맛의 원두와 쓴맛의 원두, 초콜릿이나 과일 맛이 나는 원두와 신맛이 나는 원두를 배합하면 균형 잡힌 맛의 커피를 만들 수 있다.
- 섬세하고 부드러운 맛의 모카와 거칠고 쓴맛의 자바의 블렌딩은 가장 오래되고 보편화된 배합 공식이다.
- 원두의 품질은 수확 시기에 따라 달라지므로 해마다 배합 비율을 조절해야 한다.

예를 들어 콜롬비아(mild) + 인도(hard) + 에티오피아(sour)를 블렌딩함으로써 커피의 모든 맛(단맛, 쓴맛, 신맛 등)과 향기를 한꺼번에 느낄 수가 있다.

Chapter 4

관능평가

Chapter 4

관능평가

1. 커피의 관능평가Cupping

관능평가Sensory Evaluation란 인간의 오감을 이용하여 식품을 평가하는 과정을 말한다. 이때 평가 환경, 평가할 사람, 평가될 샘플의 명확성이 중요하다. 특히 평가할 사람의 경우 전문적으로 훈련된 사람을 투입해야 한다.

커피에 있어서의 관능평가는 특별히 '커핑Cupping' 이라는 용어를 쓴다. 그리고 커피를 관능평가 하는 사람을 '커퍼Cupper' 라고 칭한다.

다양한 맛과 향을 내는 각각의 특징을 지닌 전 세계의 커피를 제대로 평가하기 위해서 커퍼는 수많은 커피의 맛과 향에 대한 경험이 필요하다.

사람들은 흔히 와인과 커피를 비교하곤 한다. 관능평가도 마찬가지다. 와인의 경우 알코올이기 때문에 입에서 느껴지는 맛과 향이 매우 오래 남아서 평가가 상대적으로 용이하지만 커피의 경우 매우 다양한 맛과 향들이 바로 휘발되기 때문에 훨씬 더 어려운 작업이라 할 수 있다.

그렇다면 커핑의 목적은 무엇인가?

첫 번째, 생두의 품질 평가를 위해서이다.

두 번째, 로스팅된 원두의 품질 평가를 위해서이다.

세 번째, 커피의 저장 기간별 품질 평가를 위해서이다.

마지막은, 블렌딩된 커피의 품질 평가를 위해서이다.

본 장에서는 Specialty Coffee Association of America, 즉 SCAA에서 기준으로 하는 커피의 관능평가 항목에 대해 살펴보고, 실제 커핑 단계에 대해 세부적으로 알아본다.

2. 커핑 항목

1) 커피의 향

커피 향은 커피의 신선도를 판단하는 결정적인 척도이므로 매우 중요하다.

커피의 향은 크게 프레이그런스Fragrance, 아로마Aroma, 노즈Nose, 에프터테이스트Aftertaste로 나뉜다. 각 단계에서 느껴지는 향은 분명한 차이가 있으나, 한 잔의 커피 향은 네 부분이 조화를 이루면서 만들어진다.

향의 강도는 SCAA Cupping Form에서는 10점 척도로 표시된다. 일반적으로는 Rich(풍부하면서 강한 정도), Full(풍부하지만 강도가 약한 정도), Rounded(풍부하지도 않고 강하지도 않은 정도), Flat(밋밋한 정도)으로 구분하여 표시한다.

다음 표는 각 단계에서 커피 향을 나타내는 용어에 대한 설명이다.

커피의 향에 대한 용어 설명

구 분	정 의	설 명
Fragrance	볶은 커피의 향	• 원두를 갈면 커피의 조직이 분쇄되면서 열이 발생되는데, 이때 커피의 조직 내에 있던 탄산가스가 방출되면서 향 성분을 함께 방출하게 됨 예: Sweetly, Spicy 등
Aroma	추출 커피의 향	• 분쇄 커피가 뜨거운 물과 접촉하면 커피가 가지고 있는 향 성분의 75%가 날아감 • 뜨거운 물의 열이 커피 입자 안에 있는 유기화합물의 일부를 기화시키면서 다양한 향이 만들어짐 예: Fruity, Herby, Nutty
Nose	마시면서 느끼는 향	• 커피를 마시면서 커피 액체가 입안에 있는 공기와 만나 액체 중 일부가 기화되는데 이 과정에서 맛을 감지할 수 있을 뿐만 아니라 코에서도 향을 느끼게 됨 예: Caramelly, Nutty, Malty
Aftertaste	입안에 남는 향	• 커피를 마시고 난 후에 입안에서 느껴지는 향 • 양질의 커피일수록 Aftertaste가 좋고 오래 지속됨 예: Carbony, Chocolate-type

2) 커피의 맛

커피의 맛은 매우 복합적이다. 커피는 마시면서 맛을 느끼기 때문에 일반적으로 '커피 맛' 은 단순히 혀에서 느껴지는 맛만을 의미하지 않고 '맛과 향taste & flavor' 이라는 전체적인 느낌으로 평가된다.

우리가 느끼는 기본 미각은 단맛, 쓴맛, 신맛, 짠맛 네 가지로 나뉘며, 혀의 각 부분이 민감하게 느끼는 미각은 각기 다른데 맛을 느끼는 미뢰는 한 가지 이상의 미각에 반응한다. 대표적인 커피의 맛도 단맛, 쓴맛, 신맛, 짠맛으로 나눌 수 있다. 고급 아라비카의 쓴맛은 로부스타의 쓴맛과는 구별되고, 단맛은 설탕의 단맛과는 다른 것으로 쓴맛 뒤에 느껴지는 달콤함이다. 또한 상큼한 신맛은 고급 마일드 커피의 대표적인 맛이므로 SCAA Cupping Form에서 별도로 판별한다.

커피의 맛을 평가하는 Flavor와 Acidity 역시 10점 척도로 판별한다.

커피의 맛에 대한 용어 설명

구 분	정 의	설 명
Taste	혀로 느끼는 맛	• 쓴맛 : 쓰다기보다는 쌉싸래한 맛 로부스타의 쓴맛, 과다 로스팅에 의한 탄 맛이 아님 • 단맛 : 쓴맛과 표리관계에 있는 달콤한 맛 설탕, 꿀 등의 단맛과는 다른 쓴맛 뒤에 오는 달콤함 • 신맛 : 시다기보다는 새콤한 맛 사과의 새콤함과 비슷한 맛으로 시큼하거나 텁텁함과는 다름
Flavor	혀와 입 속 전체의 맛과 향 또는 후각으로 느껴지는 향미	• 후각은 공기(가스)를 코로 맡아서 느끼는 것이 아니라, 입 속의 커피에서 증발되는 증기의 냄새가 후각으로 연결된 통로를 통해서도 느껴짐 • 풍부한 맛(Rich), 빈약한 맛(Flat) 등으로 표현됨 • 원두커피에서는 맛과 향을 강조함

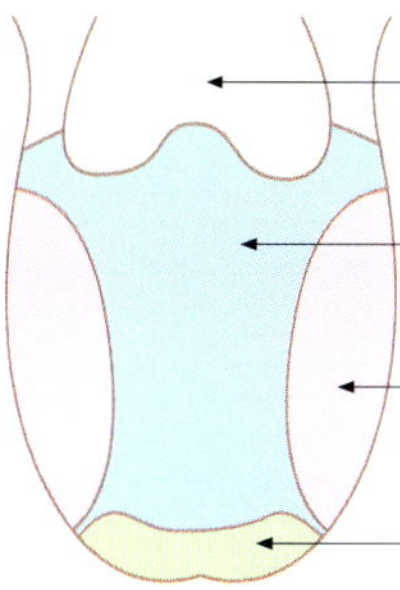

혀의 구조

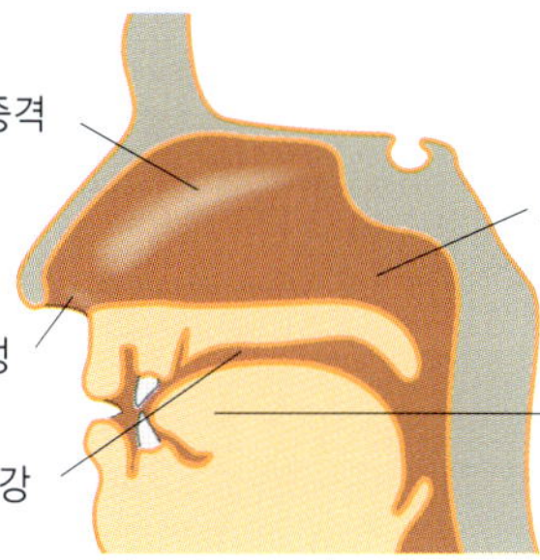

비강의 구조

SCAA Coffee Taster's Flavor Wheel에서 보여지는 4가지 맛(Sweet, Sour, Salt, Bitter)의 각각의 1차적인 맛의 구성에 대한 설명은 다음 표와 같다.

SCAA Coffee Taster's Flavor Wheel의 1차적인 맛에 대한 설명

구 분	맛의 분류	내 용
Sweet	Acidy(상큼한 맛)	신선한 레몬이나 오렌지를 먹었을 때의 기분 좋은 신맛이지만 단맛을 느낄 수 있는 신맛
	Mellow(달콤한 맛)	커피를 마시고 난 후 느껴지는 달콤함, 구수함과 동일함
Sour	Winey(와인의 맛)	와인을 마셨을 때 느껴지는 신맛과 약간의 달콤함도 느낄 수 있음
	Soury(시큼한 맛)	신맛과 떫은 맛이 동시에 느껴짐(발효된 맛)
Salt	Bland(밋밋한 맛)	특징적인 맛을 느낄 수 없는 상태, 커피 내의 당분이 무기질 성분과 결합하여 짠맛이 떨어짐
	Sharp(자극적인 맛)	톡 쏘는 듯한 맛으로 아린 느낌도 있음
Bitter	Harsh	매우 샤프한 자극적인 맛과 거친 맛
	Pungent	신랄하게 톡 쏘는 얼얼한 맛

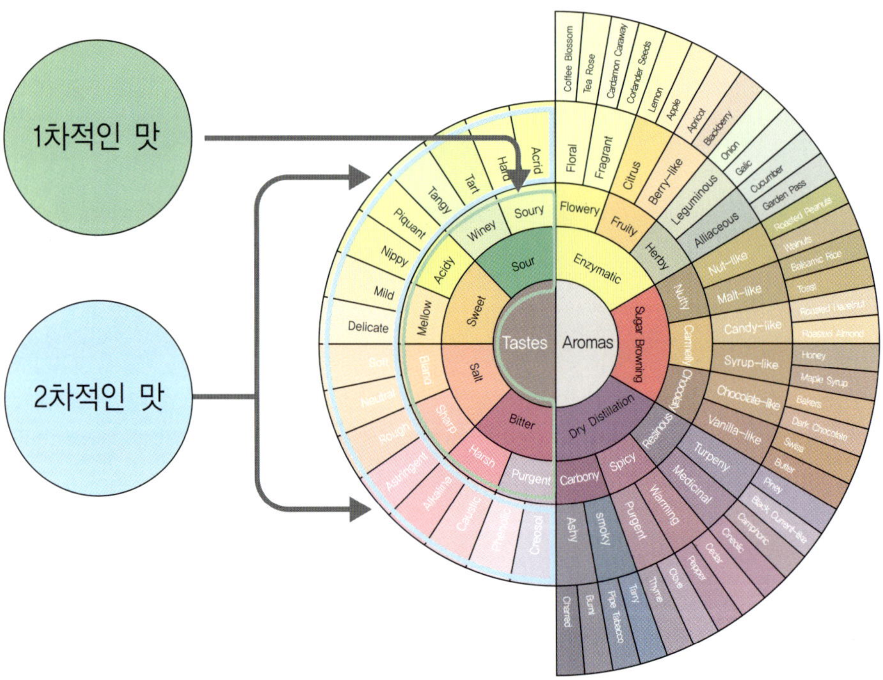

SCAA Coffee Taster's Flavor Wheel의 1차적인 맛과 2차적인 맛

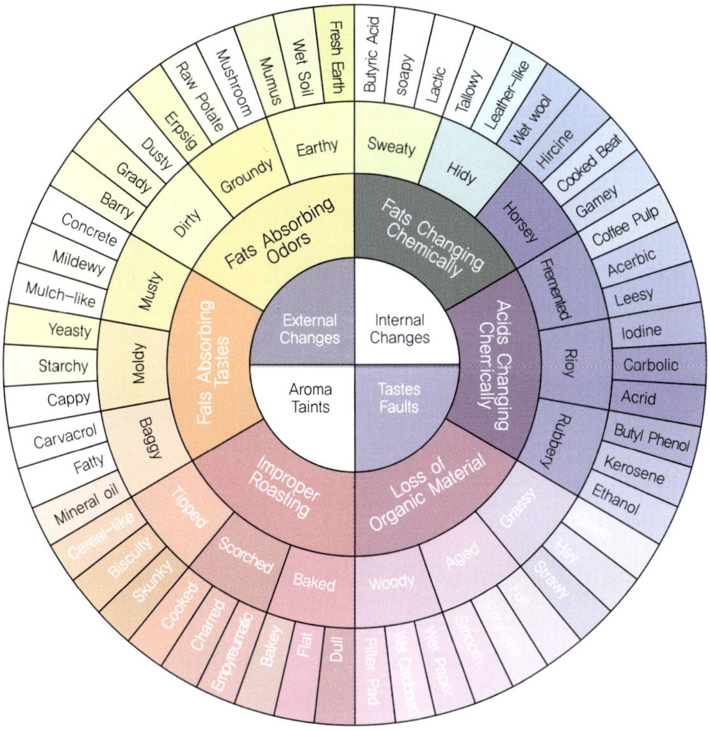

SCAA Coffee Taster's Flavor Wheel

SCAA Coffee Taster's Flavor Wheel을 보면 1차적인 맛에서 기인되어 바깥쪽에 또 다른 맛의 띠가 형성된 것을 볼 수 있다. 이를 통해 커피의 맛이 매우 복합적이고 고차원적이라는 것을 알 수 있다.

표를 읽는 방법은 Acidy가 신맛 쪽에서 좀 더 강하면 Piquant, 단맛 쪽에서 좀 더 강하면 Nippy하다고 표현하면 된다.

3) 커피의 촉감

커피의 촉감, 즉 바디감이란 입안에서 느껴지는 감촉이다. 입에 머금은 커피를 혀와 입천장을 통해 감촉을 느끼면 되는데 입안에 머금은 커피의 농도, 점도 등을 의미한다. 진한 느낌, 연한 느낌으로 표현하고 Full-Body, Light-Body, Medium-Body로 나뉜다.

매끄러운 느낌은 지방에 따라 비례적으로 증가하게 되고 점착성은 섬유질과 단백질 함량에 따라 비례적으로 증가하게 된다.

바디감의 표현은 Buttery, Creamy, Oily, Thick, Thin 등으로 표현될 수 있다.

식품 관능평가에 있어서 mouthfeel과 동일하게 간주하면 이해가 쉬울 것이다.

3. 커핑 실전

1) 커피의 관능평가

커피는 기호식품이므로 즐기는 사람의 취향이 다양한 만큼 그 평가도 매우 주관적이다. SCAA의 Cupping 시스템은 이런 주관적 평가 속에서 객관적 데이터를 얻기 위해 SCAA에서 제작한 평가법으로 미국과 남미의 주요 커피 생산국에서 사용되며 이제는 전 세계적으로 애용되고 있다.

커피의 관능평가는 커피를 생산하는 회사에게는 무엇보다도 중요한 부문으로, 1급 커퍼는 천부적인 미각과 함께 오랜 학습과 반복되는 훈련에 의해 만들어진다. 일반적으로 관능평가는 2명 이상의 커퍼들에 의해 행해진다.

2) 커핑 준비

(1) 커피 관능평가실

관능평가실Cupping room은 커피의 향, 맛 등을 평가하는 곳으로 관련 기구만 세팅되어 있다. 컴퓨터, 라디오, 음식물 섭취 등이 금지된다.

기구 준비 완료 후 커피 추출물 가열 혹은 커피 추출을 시작하게 되고 평가 준비 완료시 패널 소집을 위해 '징' 을 울리게 된다.

커핑이 준비된 테이블

(2) 커핑 준비물

- 테스트하고자 하는 커피 원두와 분쇄기
- 5개의 시음용 잔, 계량 저울
- 분쇄 커피를 컵에 담을 5개의 커피 스푼
- 2명의 시음자가 사용할 2개의 큰 스푼
- 시음 성적표와 필기구
- 시음 중에 시음용 큰 스푼을 씻을 수 있는 물이 담긴 큰 그릇과 타월
- 시음한 커피를 뱉을 수 있는 용기 2개
- 시음 중 입을 헹굴 수 있는 냉수 2잔

커피
생두 300g, 볶은 원두 100g, 분쇄커피 7.5~8g

물
92~96℃ 150mL/잔

컵
무미, 무취의 유리컵 인당 3~4개

스푼
은 재질의 스푼(10cc 정도), 스테인리스의 경우 열 손실이 매우 빨라 커핑시 온도가 쉽게 하강함

평가지
Cupping Form

3) 커핑 실전

다음은 생두의 등급 평가를 위해 일반적으로 사용되는 커핑 실전의 내용이다.

(1) 시음용 커피의 계량과 분쇄

- 시음용 커피 원두(로스팅 정도: 중배전)의 무게를 계량한 후 드립용보다 조금 굵은 분도로 커피를 분쇄한다.
- 한 가지 원두를 분쇄한 후 다음 원두를 분쇄할 때 처음 분쇄되어 나오는 커피 파우더는 버린다.
- 분쇄하는 커피의 양은 물 150mL 당 약 8g을 기준으로 한다.
  [(8g×3잔) + 3g(처음 분쇄되어 나온 버리는 커피)=27g]

(2) 물 끓이기와 물 붓기

차고 신선한 물을 주전자에 넣고 끓인 후 주전자의 뚜껑을 열고 공기를 쐬면서 약 1~2분 정도 지난 다음(이때의 물의 온도는 90~92℃) 분쇄 커피가 들어있는 컵에 물을 가득 붓는다.

(3) 커피 거품 터뜨리기

- 물을 부은 후 약 1분 정도가 지나면 커피가 적당히 우러나기 시작한다.
- 이때 코를 컵에 가까이 대고 표면에 떠있는 커피가루가 엉겨있는 거품을 스푼의 날 부분으로 부드럽게 터뜨리듯이 톡톡 건드리면서 냄새를 맡는다.
- 첫 느낌이 Aroma를 강하게 느낄 수 있는 중요한 순간이므로 이때 주의를 기울여야 한다(너무 오래 냄새를 들이키면 판단이 흐려질 수 있음).

(4) 시 음

- 커피를 저어준 후 1분 정도 기다리면 커피의 온도는 시음에 알맞도록 식게 되고 커피가루도 거의 다 가라앉게 된다.
- 스푼으로 커피를 떠서 스푼의 가장자리에 입술을 대고 "쓰읍" 소리가 나도록

흡입한다.

- 이렇게 커피를 흡입하면 혀의 각 미각 부분에 골고루 커피가 접촉되어 그 맛을 평가할 수 있고, 입 속 깊숙이 뿌려진 커피액으로 인해 그 냄새를 다시 느낄 수 있다.
- 2~3초 정도의 짧은 시간에 Acidity, Flavor, Body를 평가하고 너무 오래 입 속에 머금고 있지 않는다.
- 커피를 뱉고 Aftertaste를 평가한다.

(5) 평가지 작성

왼쪽에 재배지, 가공 방법, 품질 등급, 볶음도 등 샘플에 대한 정보를 적는다. 커피 향미의 6가지 항목을 평가한다.

커피 향미 평가 6개 항목

- Fragrance 분쇄 전의 원두의 향을 평가한다(커피의 좋은 향이 날수록 10에 가까움).
- Aroma 원두 분쇄 후 물이 닿았을 경우의 향이며 3분 내로 평가가 이루어져야 한다(커피의 좋은 향이 날수록 10에 가까움).
- Acidity "쓰읍" 소리를 내면서 커피가 입에 들어왔을 때 혀에서 느껴지는 상큼한 신맛을 평가한다(기분 좋은 상큼한 신맛일수록 10에 가까움).
- Flavor 비강에서 느끼는 맛과 향의 종합적 느낌을 말한다(좋을수록 10에 가까움).
- Body 입안의 촉감이 강하고 무겁게 느껴질수록 10에 가깝다.
- Aftertaste 커피를 마시고 30초 뒤 입안에서 느껴지는 여운을 말한다(여운의 균형이 좋을수록 10에 가까움).

- Cupper's Point 커피의 전체적인 느낌을 평가한다(좋을수록 5에 가까움).
- Overall 위 6가지의 점수를 합산한 후 40을 더하여 기록한다.

커핑 중 모습

4) 커핑 평가 순서

(1) Step 1

Fragrance/Aroma 커피 분쇄 상태, 물을 붓고 분쇄된 커피가 물에 적셔진 상태(커피가 향을 발생하는 상태), 3분 경과 후 스푼으로 거품을 깨뜨려 발생되는 향기를 코로 평가한다.

(2) Step 2

조건: 샘플의 온도가 70℃ 내외일 때 측정한다(물 부은 후 약 8분 내외).

Flavor 커피가 입안 전체에 퍼지도록 '흡' 하는 소리를 내면서 강하게 빨아들여 목을 통해 코로 올라가는 향의 정도 및 품질을 평가한다.

Aftertaste 커피를 뱉은 후 입안에 남는 향미의 여운 지속성에 대한 평가로 좋은 향미가 오래 지속될 때 높은 평가를 받을 수 있다.

(3) Step 3

조건: 샘플의 온도가 65~70℃ 정도일 때 반복 시음 후 측정한다.

Acidity 혀의 양쪽에서 느껴지는 상큼한 정도에 따라 평가한다.

Balance 위의 모든 다양한 요소들의 조화로움에 대해 평가한다.

Body 입안 전체에 느껴지는 질감(촉감)을 평가한다.

(4) Step 4

조건: 샘플의 온도가 약 40℃ 정도일 때 측정한다.

Sweetness 혀 앞쪽에서 느껴지는 기분 좋은 단맛을 평가한다.

Cleanliness 전체적인 맛과 향에 커피의 것이 아닌 결점의 맛과 향이 있는지를 평가한다.

Overall 개인적으로 선호하는 정도를 종합적으로 평가한다.

(5) Step 5

5개의 샘플을 시음한 후 10점에서 샘플당 2점을 차감한다.

Uniformity 5개의 잔의 균일성을 평가, 만약 균일성이 유지되지 않다면 샘플당 2점이 감점된다.

쉬어 가기

SCAA와 COE

SCAA(Specialty Coffee Association of America)와 ACE(The Alliance for Coffee Excellence Inc., 정확하게 말하자면 Cup Of Excellence(이하 COE)는 이 단체의 프로그램명)는 스페셜티 커피 평가에 있어서 세계적으로 가장 널리 알려진 2개의 기준이다.

SCAA와 COE의 특징을 설명하자면, SCAA 커핑 폼은 결점두 평가와 원두 평가를 포함하는 SCAA의 포괄적인 생두 평가 프로세스 중 커핑 섹션을 위해 고안된 것이고 COE 폼은 경매(auction)를 염두에 둔 스페셜티급 커피의 테이스팅 평가에 그 초점이 맞춰진 것이라 할 수 있다.

* * *

SCAA

SCAA의 평가 방법은 크게 3단계로 이루어진다.

생두 평가

350g의 생두에 대한 결점두를 체크한다. 결점두의 정도에 따라 카테고리1/카테고리2로 나뉘어 있다.

- Specialty Grade는 카테고리 1에서 단 하나의 결점두도 나와서는 안 되고 카테고리 2에서는 5점 이내만 허용
- Premium Grade에서는 카테고리 1, 2의 합계가 총 8점 이내
- Commercial Grade는 그 이하

생두 300g 혹은 350g을 샘플링하는 방식의 차이를 비롯해서 결점두의 종류별 감점 기준은 브라질, 콜롬비아, SCAA, COE 등 각 기관 및 단체들이 각각 상이한 체계를 갖고 있다.

원두 평가

SCAA Cupping Protocol에 따라 8~12분 사이에 로스팅을 마치고 원두 평가에 들어간다.

여기서는 원두 100g을 샘플링해서 덜 익은 열매인 퀘이커(Quaker)의 개수만을 체크한다.

- Specialty Grade 퀘이커가 1개도 없는 것
- Premium Grade 퀘이커가 3개 이하
- Commercial Grade 그 이상

커 핑

- Specialty Grade 85점 이상
- Premium Grade 80~84점
- Commercial Grade 79점 이하

커핑을 위한 준비 및 진행은 SCAA Cupping Protocol에 따른다. 엄밀하게 말해서 일반적으로 알려져 있는 SCAA Cupping Form은 이 과정을 위해 만들어진 것이다. SCAA 기준에 따른 'Specialty Coffee'란 이 모든 평가 과정을 통과한 커피에만 수여되는 일종의 인증 커피라 할 수 있다.

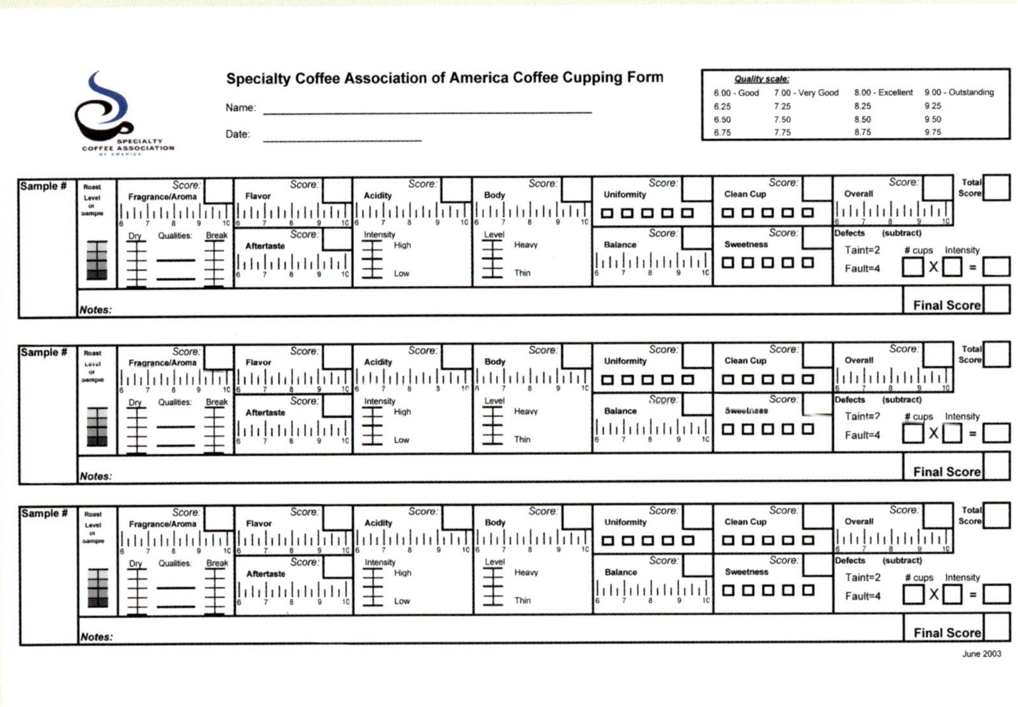

Specialty Coffee Association of America Coffee Cupping Form

Name:

Date:

Quality scale:

6.00 - Good	7.00 - Very Good	8.00 - Excellent	9.00 - Outstanding
6.25	7.25	8.25	9.25
6.50	7.50	8.50	9.50
6.75	7.75	8.75	9.75

Sample # | Roast Level of Sample | Fragrance/Aroma Score: (Dry, Qualities:, Break) | Flavor Score: | Aftertaste Score: | Acidity Score: (Intensity High / Low) | Body Score: (Level Heavy / Thin) | Uniformity Score: | Balance Score: | Clean Cup Score: | Sweetness Score: | Overall Score: | Defects (subtract) Taint=2 Fault=4 # cups X Intensity = | Total Score | Final Score | Notes:

Sample # | Roast Level of Sample | Fragrance/Aroma Score: (Dry, Qualities:, Break) | Flavor Score: | Aftertaste Score: | Acidity Score: (Intensity High / Low) | Body Score: (Level Heavy / Thin) | Uniformity Score: | Balance Score: | Clean Cup Score: | Sweetness Score: | Overall Score: | Defects (subtract) Taint=2 Fault=4 # cups X Intensity = | Total Score | Final Score | Notes:

Sample # | Roast Level of Sample | Fragrance/Aroma Score: (Dry, Qualities:, Break) | Flavor Score: | Aftertaste Score: | Acidity Score: (Intensity High / Low) | Body Score: (Level Heavy / Thin) | Uniformity Score: | Balance Score: | Clean Cup Score: | Sweetness Score: | Overall Score: | Defects (subtract) Taint=2 Fault=4 # cups X Intensity = | Total Score | Final Score | Notes:

June 2003

COE

COE는 인터넷 경매와 스페셜티급 커피의 평가를 위한 것이라고 봐도 큰 무리는 없다.

생두나 원두에 대한 기준은 없고 오로지 커핑만으로 평가한다. 이것이 너무 주관적이라고 생각할 수도 있으나 결점두와 퀘이커를 포함한 생두는 맛 자체에서 좋은 점수를 받을 수가 없기 때문에 커핑으로 커피 평가가 가능하다고 볼 수 있다.

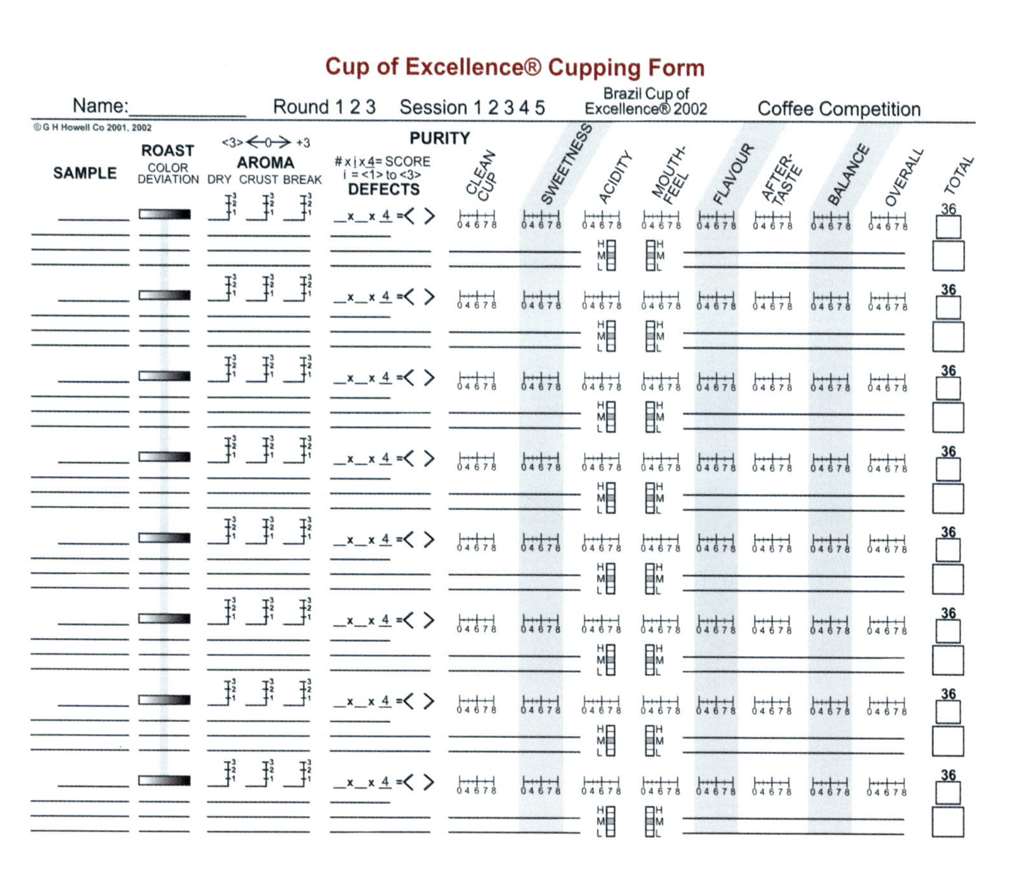

Chapter 5

다양한 커피 추출

1. 커피 추출
2. 커피 추출의 원리
3. 커피 추출에 영향을 주는 변수
4. 커피 추출 방법 분류
5. 다양한 기구를 이용한 커피 추출

Chapter 5

다양한 **커피 추출**

1. 커피 추출

로스팅된 커피는 다양한 방법으로 음용이 가능하며 추출에는 다양한 방법이 있다.

로스팅된 커피 원두를 분쇄한 커피입자의 성분을 물을 이용하여 용해시켜 뽑아내는 것을 커피의 추출이라고 한다.

추출시 반드시 동반되는 행위가 있는데 바로 분쇄grinding이다. 커피의 분쇄는 커피 추출 방법에 따라 입도에 약간의 차이가 있고 이는 추출 시간과도 밀접한 관계가 있다.

이러한 추출을 통하여 비로서 커피 원두가 품고 있던 맛과 향이 그 모습을 드러내게 된다.

커피 추출에 있어서 개인적 취향이 고려되기 마련인데 연한 커피를 좋아한다면 연하게, 진한 커피를 좋아한다면 진하게 추출하여 본인의 취향대로 즐기면 된다.

참고로 미국 SCAA에서는 일반인들이 가장 마시기 좋은 추출 커피Brewed Coffee의 농도를 1.150~1.350%라고 언급하고 있다.

본 장에서는 커피 추출의 원리와 다양한 추출 방법에 대해 알아보자.

2. 커피 추출의 원리

로스팅한 원두가 품고 있는 여러 가지 성분들은 물의 온도와 물과의 접촉 시간에 따라 제각기 용해되는 조건이 다르다.

추출시 보통 맛있는 성분(향기, 상큼한 맛, 달콤한 맛)은 먼저 추출되고, 좋지 않은 성분(떫은맛, 쓴맛)은 물과 오래 접촉하면서 천천히 추출된다. 따라서 커피 추출 시간을 지나치게 길게 잡는다면 커피 본연의 맛 외 좋지 못한 맛과 향의 원인이 될 수 있다.

하지만 상큼한 맛, 달콤한 맛의 성분들만 뽑는다고 해서 맛있는 커피가 되는 것은 아니며 맛있는 성분들이 떫은맛, 쓴맛 등의 좋지 않은 성분들과도 일정 부분 조화를 이룰 때 맛있는 커피가 될 수 있다. 그러므로 추출하고자 하는 사람은 사용하려고 하는 추출 기구들의 특성을 제대로 파악하고 이를 다룰 수 있는 요령 및 지속

뜨거운 물이 커피 입자로 침투하여 가용성 성분을 용해하는 과정

↓

커피 입자에서 녹은 성분이 밖으로 용출되는 과정

↓

커피 입자에 남은 가용성 성분과 뜨거운 물에 용해되어 있는 가용성 성분의 농도가 같아지는 과정

커피 추출의 원리

적인 훈련을 해야 한다.

추출에 있어서 커피 맛에 영향을 주는 변수는 커피 원두의 종류, 로스팅 정도, 원두의 신선도, 분쇄입도, 분쇄된 커피의 사용량, 추출에 사용하는 물의 질, 양, 온도, 물과 분쇄된 커피와의 접촉 시간과 물의 압력 등이 있다.

3. 커피 추출에 영향을 주는 변수

1) 물을 따르는 속도와 낙차

커피에 물을 따르는 포트의 높이 및 포트 각도의 차이에 따라서 맛의 차이가 날 수 있다.

(1) 각도를 많이 주어 세게 따를 때

커피와의 접촉 시간이 줄어들기 때문에 보통의 물줄기로 부었을 때보다는 묽어지고 신맛이 강조될 수 있다.

(2) 천천히 따를 때

커피와의 접촉 시간이 늘어나면서 진해지고 쓴맛이 강조될 수 있으며 시간이 지남에 따라 커피의 좋지 않은 성분까지 추출될 수 있다.

2) 로스팅 정도

- 약하게 볶았을 경우 신맛이 강해지지만 쓴맛은 약해지며 향이 좋고, 추출 효율성은 떨어진다.
- 중간으로 볶았을 경우 신맛과 쓴맛의 균형이 적절하며, 단맛과 향도 가장 뛰어나다.

- 강하게 볶았을 경우 쓴맛이 강해지지만 신맛은 약해지고, 추출 효율성이 좋다.

3) 원두의 분쇄 방식

중간으로 가는 경우가 추출 속도와 맛이 모두 보통이라 본다면,

- 곱게 가는 경우 추출 속도는 느리고 커피와의 접촉이 길어지는 만큼 진해진다.
- 거칠게 가는 경우 추출 속도가 빠른 만큼 맛이 묽어지게 된다.

4) 물의 온도

80~85℃ 정도의 물로 추출한 커피의 농도와 맛이 보통이라 본다면,

- 90℃ 전후 고온의 물은 신맛과 쓴맛이 최대한 추출되고 추출 시간이 짧아지게 된다.
- 70~80℃ 저온의 물은 추출 시간이 길지만 신맛과 쓴맛이 부드러워진다.

4. 커피 추출 방법 분류

보통 '커피를 내린다', '커피를 뽑는다' 라고 말하고 영어로는 brewing(녹차를 우려내듯이 스스로 용해되어 나온다) 또는 extraction(어떤 힘을 가해 강제로 용해시킨다)이라고 한다.

커피의 추출법은 크게 달임법, 우려내기, 진공여과추출 방식, 여과법, 가압추출법의 다섯 가지로 분류된다.

다양한 커피 추출 방법

달임법 (decoction)	끓는 물에 분쇄된 커피가루를 넣고 짧은 시간 동안 같이 끓인 후 커피가루를 침전시키고 위에 떠있는 커피를 마시는 방법으로 터키 커피(이브리크)가 대표적이다.
우려내기 (infusion)	분쇄된 커피가루에 뜨거운 물을 붓고 잠시 기다리면서 커피액이 용해되어 나오게 하는 방법으로 프렌치 프레스가 대표적이다.
진공여과추출 방식 (vacuum filtration)	우려내기 방식을 변형한 것으로 사이펀 추출기가 대표적이다.
여과법 (brewing)	여과용 필터에 분쇄된 커피가루를 넣고 그 위에서 뜨거운 물을 부어 커피액을 추출하고 이렇게 추출된 커피액이 밑의 용기로 떨어지게 하는 방법으로 가정에서 흔히 사용하는 전기식 커피 메이커와 드립퍼를 이용한 핸드드립이 대표적이다.
가압추출법 (pressed extraction)	분쇄된 커피가루에 뜨거운 물을 압력을 가하여 통과시켜서 커피액이 용해되어 나오게 하는 방법으로 에스프레소가 대표적이다.

쉬어 가기

터키 이브리크의 달임 커피

체즈베(Cezve), 이브리크(Ibrik)는 같은 용어로 터키에서는 체즈베, 미국에서는 이브리크라고 불린다. 본 교재에서는 이브리크로 용어를 통일하고자 한다.

이브리크로 추출한 커피는 전체적으로 약간 무거운 향미를 가지고 있다. 이브리크는 손잡이가 매우 길고 주둥이가 좁은 냄비이다.

이브리크 사용법

커피 입자를 매우 가늘게 분쇄하여 약 12g을 물, 설탕과 함께 이브리크에 담아 커피 거품이 발생하면 불을 끈다. 그리고 다시 끓이기를 3회 반복하여 윗부분을 걸러 마신다.

이브리크

5. 다양한 기구를 이용한 커피 추출

1) 핸드드립

(1) 핸드드립에 필요한 도구들

핸드드립 추출 준비

① 드립포트 ② 핸드밀
③ 칼리타 ④ 스톱워치
⑤ 스푼과 온도계
⑥ 종이 필터

분쇄한 원두

분쇄 입도 커피를 분쇄하는 이유는 커피를 잘게 부수면 표면적이 넓어져 물이 원두 가루를 쉽게 통과하게 되고, 커피가 가지고 있는 고유 성분들이 비교적 용이하게 추출될 수 있기 때문이다. 보통 에스프레소 머신 0.3mm, 사이펀 0.5mm, 핸드드립 0.5~1.0mm, 프렌치 프레스 1.0mm 이상 입도로 분쇄한다.

분쇄 입도는 물과 접촉되는 표면적과 밀접한 관계가 있으므로 거칠게 분쇄한 커피의 추출 시간은 길게, 곱게 분쇄한 커피는 짧게 잡는 것이 정석이다. 따라서 에스프레소 머신으로 추출시 굵은 입도의 원두를 사용한다면 30초 내에 커피 성분을 원하는 만큼 우려내기 힘들고, 핸드드립Hand-drip의 경우 밀가루 정도로 고운 입도의 원두를 사용하면 추출이 힘들며 시간도 오래 걸려 쓰고 텁텁한 커피가 된다.

입도의 고르기 추출에서 입도 고르기를 하는 이유는 입도가 고르지 않으면 물이 커

모카 포트용 분쇄

칼리타용 분쇄

프렌치 프레스용 분쇄

핸드밀

전동 그라인더

피 층을 통과하는 데 시간이 오래 걸려 추출 속도가 늦어지고 쓴맛이 많이 추출되기 때문이다. 분쇄의 입도가 고를수록 가용성 성분이 빠르게 추출되어 맛과 향기가 신선하고, 떫고 쓴맛이 덜 추출된다.

커피 분쇄에 사용되는 핸드밀은 장식용으로 쓸 수 있다는 점과 가격이 저렴하다는 장점이 있으나 고른 입도를 기대하기는 어렵고, 전동 그라인더는 기계 내부의 청결 관리에 신경 쓰면서 정기적으로 관리한다면 항상 커피를 고르게 분쇄할 수 있는 장점이 있다.

추출 직전 분쇄 미리 원두를 분쇄하게 되면 향기 성분이 날아가므로 추출 직전에 원두를 분쇄하는 것이 좋다.

드립 포트

분쇄 원두에 주전자로 '어떻게 물줄기를 주입하는가' 에 따라 커피 맛이 달라진다. 분쇄된 원두에 물을 균일하게 적셔 주어야 가용성 성분이 잘 용해되어 균형된 맛을 이룬다. 일반 주전자의 경우 물 배출구 부분이 뭉뚝하고 굵어서 물줄기를 조절하기가 힘든 데 반해, 드립용 주전자는 물 배출구 부분이 좁고 길어 사용자가 물줄기를 조절하기 용이하다.

일반 포트

핸드드립용 포트

동으로 만든 핸드드립용 포트

드리퍼

드리퍼dripper는 원두를 여과해내는 도구로, 과거에는 융 드러퍼가 사용되었으나 현재는 페이퍼 드리퍼가 주로 사용되고 있다.

'융'은 플란넬이라는 천의 일종인데 융 드리퍼의 장점은 추출시 커피의 지방 성분을 흡착하지 않아 강한 바디감을 느낄 수 있지만 사용 후에는 항상 삶은 뒤 찬물에 보관해야 하는 번거로움이 있다. 또한 미생물이 번식하기 쉬우므로 위생 관리에 주의를 해야 한다.

반면, 1회용 페이퍼를 사용하는 드리퍼는 플라스틱, 도기, 금속 등 재질이 다양하며 종류는 다음과 같이 크게 4가지로 나뉜다.

- 칼리타Kalita: 일본, 추출구는 3개이며 바닥은 수평으로 추출 시간은 멜리타에 비해 빠름
- 멜리타Melitta: 독일, 드리퍼 안에 커피가 추출되는 구멍이 1개
- 고노Kono: 일본, 추출 구멍은 1개, 크기가 크고 추출 속도가 빠름
- 하리오Hario: 일본, 추출 구멍은 1개, 고노보다 추출구가 더 크고 추출이 더 용이함

융 드리퍼

플라스틱 드리퍼

도자기 드리퍼

동 드리퍼

융과 여과지의 장단점 비교

분 류	장 점	단 점
융	커피의 지방 성분을 흡착하지 않아 강한 바디감이 있음	작업의 까다로움과 관리의 번거러움
여과지	• 추출 작업과 관리가 용이함 • 위생적인 커피 추출	지방까지 흡착하여 전체적인 맛과 느낌이 떨어짐

현재 일본 Kalita 제조 회사의 뛰어난 마케팅으로 칼리타가 대중적으로 애용되고 있다.

여과지(종이 필터)

재질에 따라 누런색의 천연 펄프 여과지와 흰색의 표백 여과지가 있다. 표백 여과지는 천연 펄프 여과지에 비해 맛의 재현성이 우수하다는 것이 일반적인 평가이다.

표백 여과지 한때 미국에서 표백용 염소가 목재 성분과 결합하여 다이옥신을 만들어낸다고 하여 표백 여과지의 유해성 문제가 대두되었다.

천연 펄프 여과지 펄프 냄새, 나무 맛, 종이 맛이 나므로 표백 여과지에 비해 커피맛을 변화시킨다는 부정적인 평가를 받고 있다.

서 버

서버Server란 드리퍼 밑에 놓고 추출된 커피액을 받아내는 용기를 말한다.

온도계

같은 원두를 사용할 경우 물의 온도가 낮으면 신맛과 떫은 맛이 강해지고 높으면 쓴맛과 날카로운 맛이 강해진다. 따라서 물의 온도는 로스팅 정도를 고려하여 조절하는 것이 바람직한데 약배전은 89~92℃, 중배전은 85~88℃, 강배전은 80~84℃로 조절하는 것이 일반적이다.

추출 직전의 물 온도와 추출 후 커피액 온도를 비교해 보면 15~18℃의 차이가 있으므로 이를 감안하여 추출 온도를 잡아야 한다.

스톱워치

바람직한 추출 시간은 2인분 이하의 경우 3분 이내, 5인분은 5분 이내이다.

단시간에 추출한 커피는 맛의 균형감이 없고, 추출 시간이 길수록 쓰고 텁텁한 커피가 되므로 추출 시간을 항상 고려하여야 한다.

(2) 추출 과정

1 종이 필터를 사진처럼 입체감 있게 접는다.

2 종이 필터를 드립퍼에 끼운다.

3 드립 포트에 데운 물의 온도를 잰다.
추출하고자 하는 온도로 물의 온도를 맞춘다. 드립 포트에 온도계를 꽂고 온도를 확인한다. 약 85℃ 내외면 적당하다. 로스팅에 따라서 물의 온도를 달리해야 하는데 약한 로스팅일수록 높은 온도로 추출하여야 커피의 맛을 충분히 느낄 수 있다.

④ 끓인 물을 부어 서버를 데운다.

서버를 데우는 목적은 커피 추출시 서버의 온도로 인해 추출된 커피의 온도가 하강하는 것을 막기 위해서다.

⑤ 서버의 물을 다시 드립 포트에 따른다.

이렇게 하면 서버를 데우고 물의 온도도 약간 내릴 수 있다.

⑥ 칼리타 드립퍼에 커피를 담는다.

원두 약 10g에 추출량 100mL가 일반적이나 깊은 맛을 원한다면 원두의 양을 12~14g 정도로 늘려준다.

⑦ 담은 커피를 평편하게 만들어준다.

⑧ 본격적인 추출에 앞서 소량의 물을 주입하여 커피가루에 뜸을 들인다.

뜸을 들일 때는 여과지에 물이 먼저 닿지 않게 하고 한 번 물을 부은 곳에는 또 붓지 않도록 한다. 물줄기를 끊고 나서 출구에서 커피가 한두 방울 떨어지면 드립퍼 안쪽의 커피가 충분히 알맞게 젖은 것이며, 이는 추출에 알맞다. 물의 양은 추출할 커피액의 10%가 넘지 않도록 한다. 신선한 커피의 경우 많이 부풀어 오르고, 오래된 커피의 경우는 전혀 변화가 없는데 이는 탄산가스 때문이다.

뜸들이기 목적

추출 전 커피가루를 충분히 불려 커피가 가지고 있는 고유의 성분이 원활하게 추출되고, 커피 내의 탄산가스와 공기를 빼내어 물이 용이하게 흐를 수 있는 길을 만들어주는 데 있다.

⑨ 뜸을 들이는 데는 약 30초 정도가 소요된다.

⑩ 본격적으로 드립퍼에 물줄기를 조정하여 커피를 내리는 단계이다.

추출은 물줄기를 어떻게 주느냐에 따라 나선형, 스프링식, 동전식, 점식으로 나뉜다.

추출

- 나선형: 중심에서 바깥쪽으로 원을 그리면서 추출
- 스프링식: 중심에서 바깥쪽으로 꽃잎을 그리면서 추출
- 동전식: 중심에서 직경 3cm 정도의 원을 그리면서 추출
- 점식: 드리퍼의 중심에만 지속적으로 물을 점 찍는 것과 같이 떨어뜨리면서 추출

나선형

스프링식

동전식

점 식

추출은 약 4회로 나누어 하는 것이 바람직하지만 물의 온도나 분쇄 커피의 양에 따라 변동될 수 있다. 1차 추출에 들어가는 시점은 탄산가스에 의해 부풀었던 커피가루가 평평하게 되는 시점이고 약 20~30초가 소요된다. 주전자의 높이는 최대한 낮게 하고 물은 골고루 부어야 하며 면적은 넓게 한다. 물은 커피가루에만 부어야 하며 1차 추출이 끝나고 커피가루가 다시 평평해지면 2차 추출에 들어간다. 3, 4차도 같은 방법으로 시행해준다.

⑪ 서버에 추출된 커피를 잔에 담아 제공한다.

쉬어 가기

고노Kono식 핸드드립

추출구는 1개이고 고노로 추출한 커피는 편하게 넘어가면서 긴 여운을 남기는 게 특징이다.

드립시 물길이 중앙으로 집중되기 때문에 칼리타나 멜리타에 비해 본연의 맛에 가까운 커피를 추출할 수 있는 장점이 있다. 뜸을 들일 때 중요한 점은 물을 부을 때의 타점과 속도이다. 점 드립으로 추출하는데 점 드립하는 이유는 커피 오일 성분의 수분 흡수 방해 작용을 줄이고 물의 흐름을 보다 자연스럽고 섬세하게 만들 수 있어서다.

적당한 추출 시간은 커피의 특성을 잘 살려낼 수 있지만 추출 시간의 초과는 신맛과 잔미와 탄맛 같은 커피의 좋지 않은 맛까지 나오게 하므로 주의한다.

추출 방법

1. 1인분은 12g으로 하고, 2인분을 기본 추출 방식으로 한다.
2. 90~95℃의 온도로 점 드립하여 뜸을 들인다.
3. 추출구에서 1~3방울 떨어지면 스프링식 드립으로 작은 원에서 큰 원식으로 넓혀 나간다.
4. 추출하고자 하는 양이 되기 전에 많은 물을 붓고 물을 끊어준다(거품을 다 띄우기 위해).
5. 1인분 125~130mL 추출, 2인분 250~270mL 추출해 서브한다.

융 드립

현미경으로 관찰했을 때, 페이퍼 드립의 추출액은 입자 구조가 뾰족한 모양으로 되어있고 융 드립의 추출액은 둥글다고 한다. 따라서 페이퍼 드립으로 추출된 커피는 날카로운 느낌으로 다가오고, 융으로 추출된 커피에서는 매끄럽고 걸쭉한 맛을 느끼게 되는 것이다.

융 드립으로 추출한 커피에서 느껴지는 둥근 느낌은 추출시 용해되는 커피 오일에서 주된 이유를 찾을 수 있다. 보통 페이퍼 드립의 경우 대부분의 오일들이 페이퍼에 흡착되지만 융 드립에서는 적당히 투과되어 커피 오일의 향미와 맛의 미묘한 성분들이 커피 속에 녹아들게 되는 것이다.

융 세척법

사용 후 보관 방법은 절대 세제 사용을 금하고 물로만 씻고 찬물에 넣어 밀폐하여 냉장 보관하도록 하며 업장 마감시에는 커피가루 조금과 같이 끓이고 자외선 살균한다.

2) 프렌치 프레스

프렌치 프레스French Press는 뜨거운 물과 커피가루를 함께 넣어 우리는 커피 기구이므로 추출된 커피의 맛이 깊고 묵직한 것이 특징이다. 우러난 커피를 분리시키는 과정에서 사용되는 압력으로 인해 엷은 크레마가 발생하며 커피의 맛은 깊은 바디감이 표현된다.

약배전 커피를 사용할 경우 신맛이 지나치게 강조되므로 중 · 강배전된 커피를 사용할 것을 권장한다. 또한 물과 오래 접촉하기 때문에 가능하면 중간보다 굵은 입도로 분쇄하는 것이 원칙이다.

마일드 추출
커피 12g → 90℃ 이상의 물 300mL 사용 → 30초간 잘 저어주고 덮기 → 3분이 지나면 필터를 지그시 눌러준 후 인퓨저를 이용해 추출

미디엄 추출
커피 12g → 88~92℃ 물 150mL 사용 → 30초간 잘 저어주고 덮기 → 3분 지나면 필터를 지그시 눌러준 후 인퓨저를 이용해 추출

레귤러 추출
커피 18g → 88~92℃ 물 150mL 사용 → 30초간 잘 저어주고 덮기 → 3분 지나면 필터를 지그시 눌러준 후 인퓨저를 이용해 추출

(1) 프렌치 프레스에 필요한 도구들

프렌치 프레스는 다양한 용도로 쓰이는데, 커피를 추출하기도 하지만 차를 우려 마시거나 가정에서 카푸치노를 만들기 위해 우유 거품을 낼 때도 사용된다.

커피 추출시 비교적 간단하게 사용할 수 있으나 청소가 불편하고 커피 성분이 충분히 우러나지 않는 단점이 있다.

프렌치 프레스의 구성은 유리로 된 용기와 피스톤이 달린 뚜껑의 두 부분으로 매

프렌치 프레스 추출 준비

① 핸드밀 ② 프렌치 프레스

우 간단하다.

유리 용기에 분쇄한 커피를 넣고 뜨거운 물을 붓고 일정 시간이 경과하면 커피 성분이 녹아 나오게 되고 이때, 피스톤으로 눌러 추출액만 분리하면 된다.

한 잔의 커피(150mL)를 추출하기 위해서는 약 10g의 커피와 200mL의 물이 필요하다.

(2) 추출 방법

1 약 1mm 정도로 굵게 분쇄한 커피를 프렌치 프레스 유리 용기에 담는다.

② 드립 포트를 이용해 물을 따른다.
90~95℃ 물 200mL 정도가 적당하다.

③ 커피가 잘 우러날 수 있도록 저어준다.

④ 저은 후 1분 30초~3분 후에 프레스를 이용하여 눌러준다.

⑤ 준비된 잔에 커피를 따른다.
커피 찌꺼기를 감안하여 약 150mL만 따른다.

3) 배큐엄 브루어(사이펀)

사이펀은 일본에서만 통용되는 이름이고, 우려내기 방식으로 추출되는 모든 기구들의 정확한 명칭은 배큐엄 브루어Vacuum Brewer이다. 우리 눈을 즐겁게 해주는 기구로 1970~1980년 중반까지 대학가 주변 커피숍에서 많이 취급되었다.

증기 압력과 진공 흡입 원리를 이용한 기구이며, 분쇄 입도는 약 0.5mm 정도로 핸드드립에 비해 가늘게 사용한다.

상부 로트에 필터를 끼운 후 그 안에 커피를 넣고 하부 플라스크에는 뜨거운 물을 넣은 뒤, 상부 로트를 하부 플라스크에 끼운다. 알코올램프에 불을 붙여 가열 후 물이 끓기 시작하면 약 30초간 저어준 후 1분간 기다리고 알코올램프의 불을 끄고 나서 하부 플라스크에 커피가 다 내려오면 분리시켜 서브하면 된다.

배큐엄 브루어

(1) 배큐엄 브루어에 필요한 도구들

배큐엄 브루어, 알코올램프, 대나무 스틱

추출법

커피 12~20g → 물 약 200mL → 30초간 저어준 후 1분 기다리고 램프의 불 끄기 → 물이 다 내려오면 나무 스틱에 대고 식히면서 추출

(2) 추출 방법

1 필터에 여과지를 끼운다.

❷ 아랫부분의 필터고정기로 고정한다.

❸ 아래 달린 줄을 구멍을 통과하여 내린다.

❹ 상부 로트에 커피를 담는다.

❺ 하부 플라스크에 상부 로트를 비스듬하세 끼운다.

❻ 알코올램프를 이용해 열을 가한다.

❼ 열을 가하면 하부의 물이 상부 로트로 올라오기 시작한다.

❽ 물이 올라오기 시작하면 대나무 스틱으로 커피를 잘 저어준다. 30초간 저은 후 1분간 기다린다.

❾ 플라스크의 물이 상부 로트에 모두 올라오면 불을 끈다.

⑩ 시간이 지나면 플라스크로 커피가 추출된다.

⑪ 상부 로트를 제거하고 플라스크 안의 커피를 준비된 잔에 따른다.

4) 모카 포트

모카 포트Mocha Port는 가정용 에스프레소 머신 혹은 스토브 위에 얹어 끓인다고 하여 이탈리안 스토브 탑Italian-Stove-Top이라고 부르는데, 추출되는 원리는 증기압을 이용한 것으로 현대 에스프레소 추출 방식의 모태가 된다.

그 모양과 디자인 및 재질도 다양하여 수집용으로도 가치가 있다.

(1) 모카 포트에 필요한 도구들

모카 포트는 세 부분으로 구성된다. 서로 여닫게 되어 있는 아래위 부분과 그 가운데 커피를 담는 필터 바스켓이 있다. 이 가운데 부분에 Full-City 이상으로 강배전된 에스프레소용 블렌드 커피를 곱게 갈아 넣은 후 아래위 용기를 돌려 잠가서 가스불이나 스토브 위에 중불로 올려놓는다.

하단 포트에 있는 물을 가열하면 물이 끓으면서 수증기가 생기고 이 수증기의 힘에 의해 물이 필터 바스켓의 관을 따라 위로 올라가고 바스켓에 담겨있는 커피가루

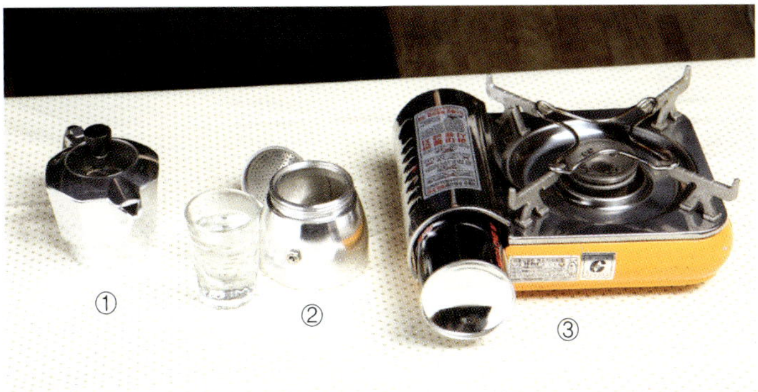

모카 포트 추출 준비

① 상단 포트
② 하단 포트 및 필터 바스켓
③ 가스레인지

는 찐 상태가 된다.

관을 타고 올라간 물이 찐 상태의 커피가루를 통과하면서 커피 성분이 추출되고 추출액은 상단 포트 추출구를 통해 나오게 되는 원리이다.

다 추출되면 모카 포트에서 "칙칙" 거리는 시끄러운 소리가 나는데 이때 가스레인지나 스토브의 불을 끄면 된다.

일반적으로 Full-City 이상의 원두를 사용하고, 30mL의 커피를 추출하기 위해 8g의 커피와 45mL의 물을 사용한다.

추출법

커피 7~9g → 물 40~50mL 사용 → 중불로 끓이다 "칙칙" 소리가 나면 불 끄기

(2) 추출 방법

1 필터 바스켓에 분쇄한 커피를 담고 평편하게 해준다.

❷ 하단 포트에 물을 담은 후 커피가 담긴 필터 바스켓을 끼운다.
물은 밸브 아래까지 담는다.

❸ 상단 포트와 하단 포트를 고정한다.
포트를 뒤집어 고무패킹과 필터가 제대로 장착되었는지 확인하고, 상단 포트와 하단 포트를 잘 돌려 고정한다.

❹ 가스레인지에 불을 켜고 모카 포트에 열을 가한다.
약불에서 2~3분간 끓여준다.

❺ 모카 포트에서 "픽" 하는 소리가 나면 불을 끄고, 뚜껑을 열어본다.
압력으로 인해 커피가 튀어 화상의 위험이 있으므로 소리가 나지 않은 경우엔 뚜껑을 절대 열지 않는다. 단시간에 추출이 이루어지므로 주의한다.

⑥ 커피를 준비한 컵에 따른다.

증기압을 이용한 방식이지만 크레마는 없다.

5) 워터 드립

차가운 상태의 물로 아주 천천히 추출하는 방식으로 찬물에 장시간 우려 카페인이 적은 커피로 알려진 워터 드립Water drip은 네덜란드인이 냉커피를 우리기 위해 고안하여 더치 커피Dutch Coffee라 불린다. 카페인은 75℃가 넘는 뜨거운 물에서만 녹기 때문에 더치 커피에는 카페인이 거의 없고, 차가운 물로 장시간 우리기 때문에 뜨거운 물로 내리는 커피와는 다른, 맛과 향에 있어서 아주 독특한 커피가 생성된다.

추출법 1
커피 60g, 물 400mL, 10초에 3~4방울

추출법 2
커피 150g, 물 1000mL, 10초에 3~4방울

추출법 3
커피 250~350g, 물 1500mL, 10초에 3~4방울

워터 드립 세트

6) 급냉식 드립

급냉식 드립 세트의 크기상 3인분 기준이다. 배큐엄 브루어 방식으로 중간 플라스크엔 얼음을 채워 놓고 드리퍼 안의 커피를 추출하면 얼음을 통해 커피가 어느 정도 차오르게 되면 서버 안으로 추출되기 시작한다. 아이스 커피이므로 약간의 쓴맛은 감칠맛으로 느껴진다.

급냉식 드립 세트

추출법 1

케냐 8g + 모카 시다모 8g + 브라질 산토스 5g = 20g 정도

추출법 2

- 케냐 15g + 모카 시다모 15g + 브라질 산토스 8g = 35~40g
- 투과법 응용(밑에는 얼음)으로 500mL 추출

Chapter 6

에스프레소 추출

1. 에스프레소의 역사

2. 에스프레소의 정의

3. 에스프레소의 특징

4. 에스프레소 기계와 그라인더

5. 에스프레소의 추출

6. 에스프레소 추출에 문제가 있을 경우

7. 우유 데우기

8. 에스프레소 기계 청소

9. 에스프레소 메뉴 및 응용 메뉴 만들기

Chapter **6**

에스프레소 **추출**

1. 에스프레소의 역사

에스프레소 기원은 19세기 초 이탈리아에서 물을 밀폐된 공간에서 가열하였을 때 생기는 수증기의 압력을 추출에 이용하려는 움직임에서라 할 수 있다.

그 후 에스프레소 기기는 1819년 존스Jones라는 영국인에 의해 최초로 선보이게 되었는데, 이후 수증기 압력을 이용한 보다 복잡한 구조를 가진 기구들이 나오기 시작하면서 발전하여 1825년에 독일과 오스트리아에서도 연구가 진행되어 1843년 에드워드 루아이젤Edward Luaisel이 1시간에 2잔을 추출할 수 있는 기계를 개발하기에 이르렀다.

한잔 한잔씩 개별적으로 추출하는 현대적 개념의 가압 추출 방식은 1905년의 베쩨라Bezzera에 의해 발명되었다. 이를 계기로 디자인을 중시하는 이탈리아에서 좀 더 보기 좋게 디자인을 고안하여 출시하게 되면서 에스프레소 머신이 활성화되기 시작하였다.

현재의 에스프레소 기계와 동일한 방식의 기계는 1948년 이탈리아인 아킬레 가지아Achile Gaggia에 의해 발명되었는데, 이 기계는 수증기의 압력을 이용해 추출시 뜨거운 수증기 온도에 의해 커피 향이 휘발되어 없어지는 단점을 보완한 최초의 펌프식 에스프레소 기계이다.

미국에서는 1978년 시애틀에 거리 판매 수레가 생겨나 처음으로 상업용 에스프레소를 팔기 시작하였다. 그 이후 시애틀 커피숍에서도 에스프레소를 판매하게 되었으며 미국의 스타벅스에 의해 에스프레소 커피가 발전하기 시작하여 이를 계기로 1995년 일본 · 싱가폴, 1996년 한국, 1998년 중국 등 아시아 지역에도 소개되어 점차적으로 에스프레소 시장이 넓어지고 있다.

본 장에서는 에스프레소 머신의 명칭, 사용법 및 관리에 대해 다루기로 한다.

2. 에스프레소의 정의

에스프레소espresso란 작은 잔에 담아 마시는 양이 적고 아주 진한 이탈리아 커피로 알려져 있다.

영어의 빠르다는 의미의 '익스프레스express'를 뜻하는 에스프레소는 단어 그대로 빠르게 만드는 커피를 말하며, 다른 의미에선 에스프레소의 기름 성분인 크레마는 시간이 지나면 빠르게 산패되기 때문에 추출 후 빨리 마셔야 한다는 의미도 내포하고 있다.

고압력을 사용하기 때문에 보통의 드립식 커피 메이커보다 원두의 굵기, 신선도, 시간, 온도 등에 대해 많은 주의를 필요로 한다. 원두 굵기의 작은 차이가 맛의 큰 차이를 만드는데 곱게 갈린 원두는 공기와 닿는 면적이 크면 클수록 쉽게 산패되고 쉽게 향을 잃어버리기 때문에 되도록 추출 직전에 필요한 분량의 원두만을 갈아야 신선한 커피를 마실 수 있다.

커피 분량은 인퓨징 타임infusing time 약 2~3초 동안 커피가 젖어서 부풀어 오를 것을 예상해서 약간의 여분을 남기고 1 shot 기준 7~8g을 채우는 것이 적당하다.

3. 에스프레소의 특징

에스프레소 원두는 분쇄한 시간이 오래될수록 맛과 향이 떨어진다. 에스프레소 커피는 원두를 즉석에서 분쇄해서 사용하기 때문에 커피 향미의 손실이 적고 인공 향료나 기타 원료가 전혀 가미되지 않는 천연커피이다. 품종에 따라 각각 다른 커피의 특성을 다양하게 맛볼 수 있고, 직접 원두를 갈아 추출해서 마시는 과정에서 신선한 커피의 향미를 느낄 수 있다.

인스턴트커피는 1930년 과도한 커피의 풍작으로 커피 보관 방법을 고안하면서 개발되었다. 네슬레의 베베이 연구소에서 8년 연구 끝에 인스턴트커피 '네스카페'를 개발해 이것이 미국에서 야외용 식품으로 발전되어 오늘에 이른 것이다.

인스턴트커피는 대부분 값싼 로부스타를 원료로 쓰므로 카페인 함유량이 비교

쉬어 가기

크레마

크레마(Crema)는 에스프레소 머신에서 커피를 추출할 때 나오는 황금빛 층을 말하는데 이는 곱게 간 원두에서 나오는 오일 성분이 물과 공기와 혼합되어 생성되는 막을 말한다. 크레마는 커피의 신선도, 양, 분쇄 정도, 탬핑, 추출 온도 등에 따라 차이가 난다.

혹자는 크레마의 역할이 커피가 빨리 식는 것을 방지해주는 것이라 하지만 그다지 설득력이 없으며 오히려 향을 함유하고 있는 휘발성 지방 성분 때문에 부드럽고 풍부한 단맛, 신맛을 느낄 수 있게 해주는 역할이 주라고 할 수 있다.

단순히 크레마가 많을수록 신선한 커피는 아니지만 크레마가 없으면 신선함이 떨어지는 커피라고 할 수 있다. 일반적으로 크레마가 5mm 정도의 두께이면 잘 추출된 신선한 커피라고 할 수 있다.

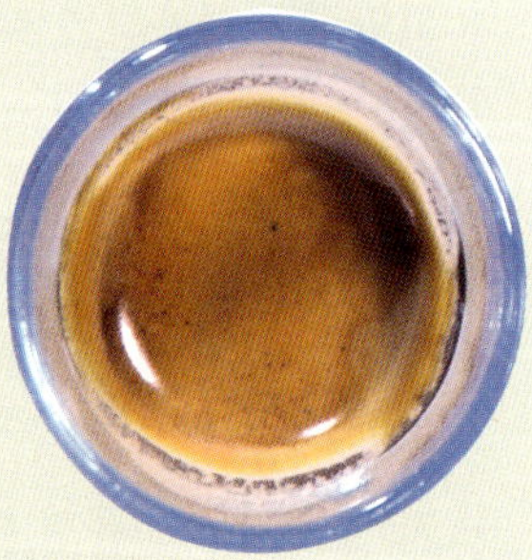

적 높은 반면 에스프레소는 아라비카 원두를 쓰고 주로 강배전된 원두를 사용한다. 원두는 배전이 강하게 될수록 카페인은 탄화되어 날아가고 에스프레소가 높은 압력으로 빠르게 추출하는 만큼 카페인이 적게 나오는 요소들을 종합해 볼 때 에스프레소는 인스턴트커피보다 카페인 함유량이 적다고 유추해 볼 수 있다.

4. 에스프레소 기계와 그라인더

1) 에스프레소 기계의 부위별 명칭

에스프레소를 추출하기 위해서는 에스프레소 기계 및 그라인더가 필요한데 각각의 명칭은 다음과 같다.

- 그룹 헤드Group-Head: 에스프레소가 추출되는 입구(단위: 1group or 2 group)
- 샤워 필터Shower-Filter: 그룹 헤드 안쪽에 있고 물 분사를 고르게 해주는 기구
- 가스켓Gasket: 그룹헤드 안쪽에 있고 그룹 헤드와 포터 필터 사이의 장착을 온전히 해주고 사이 틈을 막아주는 역할
- 스팀 완드Steam-Wand: 스팀압을 분사시켜 주는 부분
- 포터 필터Porta-Filter: 커피를 담아서 누르고 추출을 위한 도구
- 탬퍼Tamper: 포터 필터 속에 커피를 넣고 누를 때Tamping 사용하는 도구
- 블라인드 필터Blind-Filter: 에스프레소 머신 청소를 위해 포터 필터에 끼워 쓰는 도구

좋은 커피는 원두 분말의 신선도에 의해 좌우되므로 원두는 사용하기 직전에 갈아야 한다. 원두를 가는 기기를 그라인더Grinder라고 하는데, 현재는 다양한 브랜드의 제품들이 많이 판매되고 있지만 에스프레소 기계와 제일 잘 맞고 바리스타에게 맞는 제품을 선택하여야 한다.

에스프레소 기계

그라인더

그라인더는 다음과 같이 호퍼, 도우징 챔버, 분쇄날로 크게 나누어 설명할 수 있다.

- 호퍼Hopper: 원두를 저장하고 분쇄날로 공급하는 그라인더 상부의 투명한 용기
- 도우징 챔버(도저 케이스): 분쇄된 커피를 담는 투명한 용기이며 신선도를 고려할 때 너무 많은 양의 원두를 갈아두지 말아야 함
- 분쇄날: 그라인더의 가장 중요한 부품으로, 좋은 커피는 분쇄날의 적정한 사용에 좌우되며 고속으로 회전하는 날이 있어 원두를 잘게 부수고 갈아주는 역할을 함. 평면형Flat Burr, 원추형Conical Burr, 롤형Roll Burr으로 나뉨

2) 에스프레소 기계 사용 전 점검 사항

에스프레소를 추출하기 전에는 다음과 같이 추출 압력, 스팀 압력, 보일러 물 온도를 기본적으로 확인하여야 한다.

(1) 추출 펌프 모터 압력

0~15의 숫자로 구성되어 있는 펌프 모터 압력은 추출 버튼을 누르고 평균 9Bar 이하로 유지되어야 한다. 만약 12Bar 이상 올라갈 시에는 기계의 전원을 내리고 즉시 기계를 점검한다.

(2) 보일러 압력

0~3의 숫자로 구성되어 있는 스팀과 연관 있는 보일러 압력은 스팀을 분사시 평균 1~1.3Bar 정도를 항상 유지하고 있어야 한다. 이 범위를 벗어난다면 즉시 기계를 점검한다.

(3) 보일러 물 온도

물의 온도는 90~95℃로 유지되어야 한다. 만약 물 온도가 낮을 때에는 추출이 느려질 수 있고, 기계가 가열되어 물 온도가 높을 때에는 에스프레소가 과다하게 추출될 수 있다.

(4) 수위표시계

스팀 보일러 탱크 내의 충수 상태를 나타내는 장치로 항상 중간을 유지하여야 한다. 이 충수가 많으면(수면계가 올라가면) 스팀 양이 줄어들고, 물의 충수가 적으면(수면계가 내려가면) 보일러 과열 현상이 초래된다.

에스프레소 기계에 장착된 게이지와 수위표시계

5. 에스프레소의 추출

에스프레소 추출시 바리스타는 항상 같은 양의 커피를 쓰고, 탬핑을 할 때 항상 일정한 힘을 주도록 연습하여야 한다. 또한 그라인더를 이용하여 분쇄시 분쇄 커피의 굵기 조정에도 신경을 써야 한다.

에스프레소의 추출이 적당한 시간에 되었다 해도 크레마의 색이 연할 경우 커피의 양이 적게 들어간 경우이므로 커피의 양을 늘려 작게 분쇄하고 적당한 힘으로 눌러주어야 한다. 이렇듯 바리스타는 맛있는 에스프레소를 추출하기 위하여 부단한 훈련이 필요하다.

에스프레소 추출에서는 에스프레소 기계의 핵심적인 조작법 중 커피 담기Dosing, 고르기Grooming, 다지기Tamping, 두드리기Tapping에 대해서 집중적으로 설명하고자 한다.

1) 커피 담기Dosing

에스프레소 기계에서 포터 필터Porta Filter를 분리한 후 분쇄된 커피를 넣기 전에 포터 필터 주위에 커피 찌꺼기가 묻어 있는지 확인한다. 포터 필터 바스켓 안에 이물질이나 물기가 있다면 천으로 깨끗하게 닦아준다.

그런 다음 그라인더를 작동시켜 커피를 분쇄한 후 그라인더의 도징 레버Dosing Lever를 여러 번 당겨 포터 필터 바스켓에 커피를 담는데 이때, 포터 필터의 위치를 바꾸어주면서 분쇄 커피가 고르게 분포하게 담는다.

편평하게 도징된 포터 필터

2) 커피 고르기Grooming

커피 고르기를 그루밍이라고 한다. 도징한 포터 필터 안의 커피는 산처럼 쌓이게 되는데, 다지기Tamping 전 단계에서 윗부분의 볼록한 커피를 고르게 펴주는 것이다. 고르기의 목적은 지나치게 많거나 적은 커피가 다지기 되어 맛에 영향을 주는 것을 방지하기 위함이며 또한 커피 표면을 단단하게 해주기 위함이다.

커피 고르기는 도징 케이스Dosing Case의 뚜껑을 이용하는 방법과 손가락으로 필터 바스켓의 윗부분을 사방으로 고르게 펴주는 방법이 있다.

뚜껑을 이용한 그루밍

손가락을 이용한 그루밍

3) 커피 다지기Tamping

커피 다지기는 탬핑이라고 하며 포터 필터 안에 담긴 커피를 다지고 고정시켜 분쇄 커피 안의 공간을 최소화하는 작업이다.

탬핑의 강도에 따라 물 투과 시간 및 에스프레소 맛이 다르게 추출될 수 있으므로 아주 중요한 작업이라 할 수 있다.

탬핑을 할 때에는 포터 필터를 뒤집었을 때 다져진 커피가 떨어지지 않을 만큼의 적당한 압력을 주어야 하고, 이 역시 한쪽으로 커피가 몰리지 않게 평평하게 해주어야 하는데 바리스타에게 많은 연습이 필요한 과정이다.

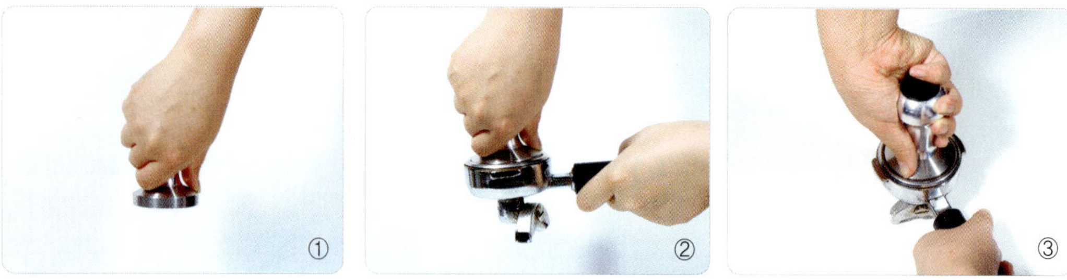

탬핑하는 방법

4) 커피 두드리기Tapping

태핑은 탬핑 후 포터 필터 바스켓에 묻어 있는 커피가루를 두드려서 다시 포터 필터 바스켓으로 넣는 작업이다. 태핑을 할 때에는 주의를 기울여야 한다. 태핑을 너무 강한 힘으로 하게 되면 탬핑을 잘하여 커피가 훌륭하게 다져진 후라 해도 이것이 깨질 수가 있기 때문이다.

아주 정교하게 작은 미동만 주어 탬핑된 커피층이 깨지지 않게 하는 것이 노하우이다.

태핑하는 모습

태핑 후 탬핑하는 모습

쉬어 가기

탬퍼에 대해서

탬퍼Tamper는 에스프레소 커피를 탬핑하는 데 사용되는 도구로 탬퍼에는 플라스틱 탬퍼, 알루미늄 탬퍼, 스테인리스 탬퍼가 있다. 스테인리스 탬퍼는 무게가 있으므로 비교적 적은 힘으로 탬핑이 가능하고 플라스틱이나 알루미늄 탬퍼는 가벼우므로 본인이 탬핑하는 힘을 자유자재로 조절할 수 있다.

탬퍼는 사진과 같이 청결한 곳에 보관해야 한다. 탬퍼를 커피 찌꺼기가 있는 테이블 위에 그냥 방치하게 되면 커피 입자들이 탬퍼에 붙어 탬퍼의 평편한 면이 손상될 수 있고, 더 큰 문제는 지저분한 커피 입자들이 그대로 추출될 수 있으므로 위생적으로 좋지 않다는 점이다.

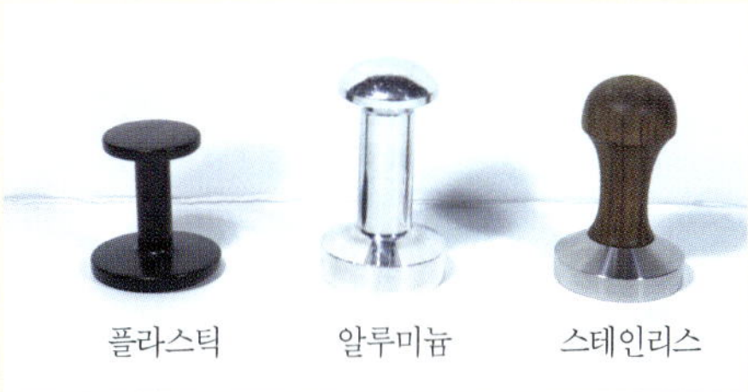

탬퍼의 종류

탬퍼의 올바른 보관법

탬퍼 잡는법

탬퍼는 사진과 같이 엄지와 검지로 탬퍼를 잡고 누르게 되면 손목에 무리가 없이 탬핑할 수 있다.

포터 필터 바스켓에 적당한 탬퍼 크기

탬퍼의 사이즈는 여러 가지이므로 탬퍼를 고를 때에는 일반적으로 포터 필터 바스켓과 약 0.25mm 차이가 나면 적당한 사이즈라고 할 수 있다.

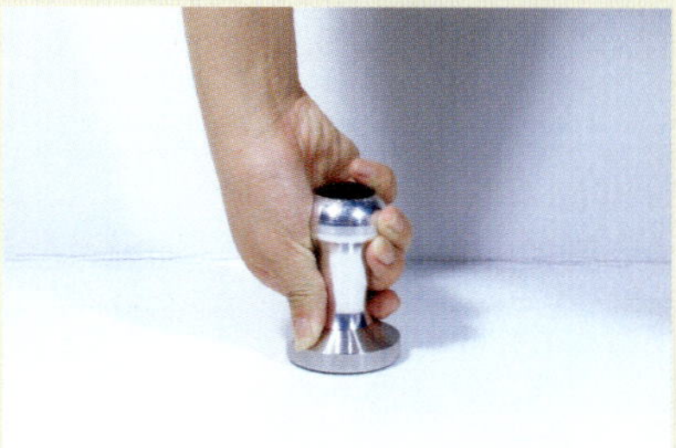

올바른 탬퍼 잡는 방법

올바른 포터 필터 잡는 방법

6. 에스프레소 추출에 문제가 있을 경우

1) 에스프레소 추출 속도가 빠르거나 느릴 때

(1) 에스프레소가 너무 빨리 추출될 때

- 분쇄 입도가 너무 굵음
- 다지기tamping를 약하게 함
- 너무 적은 양의 커피를 사용

(2) 에스프레소가 너무 천천히 추출될 때

- 분쇄 입도가 너무 고움
- 다지기를 너무 단단히 함
- 너무 많은 양의 커피를 사용

(3) 정상일 때

25~30초에 30mL(1oz)가 추출될 때 맛과 색상이 완벽한 조화를 이루는 에스프레소가 추출된다.

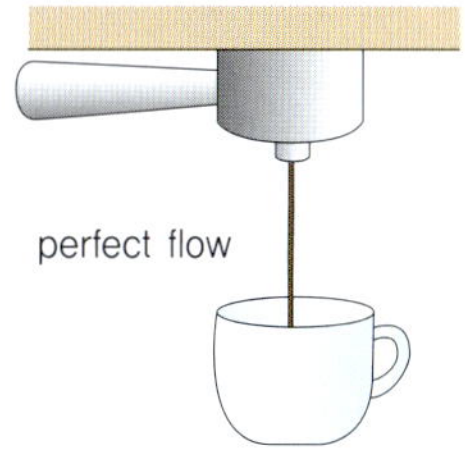

2) 탬핑이 수평이 맞지 않은 상태에서 추출될 때

추출된 에스프레소와 크레마의 색상 및 맛이 조화롭지 못하다.

3) 크레마의 색이 옅거나 진할 때 혹은 없을 때

(1) 크레마의 색깔이 빨리 옅어질 때

- 충분한 양의 커피를 사용하지 않은 경우
- 추출이 너무 빨리 되었을 경우

(2) 크레마가 없을 때

- 신선하지 않은 커피를 사용한 경우
- 충분한 양의 커피를 사용하지 않은 경우
- 물의 온도가 맞지 않은 경우

(3) 크레마가 진할 때

- 기기압이 높거나 커피 분쇄입도가 고운 경우
- 과도한 탬핑을 한 경우
- 커피 양이 과도한 경우

크레마 정상 시

크레마 옅을 때

크레마 없을 때

크레마 진할 때

4) 필터 주위로 물이 새거나 뿜어 나올 때

- 포터 필터가 그룹 헤드에 완벽하게 장착되지 않을 때
- 포터 필터의 주변에 커피 찌꺼기가 많이 묻어있을 때

• 가스켓Gasket이 경화되어 찢어지거나 깨졌을 때

7. 우유 데우기

우유는 크게 유당lactose, 유지방milk fat, 유단백질milk protein, 무기질mineral, 비타민vitamin, 효소enzyme 등으로 구성되어 있다. 에스프레소 응용 메뉴에서는 우유를 사용한 메뉴가 대다수인데, 이는 우유의 락토오스 성분이 커피 카페인의 쓴맛을 감소시키는 역할을 해주어 부드러운 에스프레소를 즐길 수 있기 때문이다.

우유가 첨가된 커피를 만들기 위해 우유를 뜨겁게 데우고 끓이게 되면 우유의 당과 단백질은 열 및 수증기와 더해져서 사실상 성분이 물리적 · 화학적으로 변성된다.

에스프레소 커피에 시럽과 설탕 감미료를 첨가한다면 적어도 우유를 넣기 전에 첨가해야 하고, 시럽과 설탕 감미료를 첨가할 경우 우유를 적정온도보다 약간 낮은 온도로 데우면 시럽과 첨가물이 에스프레소에 엉겨 굳는 것을 방지할 수 있다.

1) 우유 거품을 내기 전 준비 사항

에스프레소 기계에서 우유 거품을 내기 위해서는 스팀 피처Steam Pitcher가 필요하며 용량에 따라 350mL, 600mL, 900mL로 나뉘므로 사용량에 따라 선택하여 쓰면 된다.

이 스팀 피처는 냉장고에 보관하는 것이 정석이다. 우유 역시 냉장고에서 보관된 차가운 우유를 써야 한다. 그 이유는, 에스프레소 기계에서 우유 거품은 스팀으로 우유를 데우면서 발생되는데 이때 기계의 스팀은 우유를 금방 따뜻하게 만들 수 있는 강력한 스팀이다. 따라서 냉장 상태로 보관된 피처 및 우유를 사용하여 되도록 낮은 온도에서 스티밍 작업을 해주어야 천천히 온도가 올라가면서 제대로 된 고운 우유 거품을 만들 수 있기 때문이다.

스팀 피처

2) 거품 내는 순서

(1) 스티밍 전 스팀밸브 열기

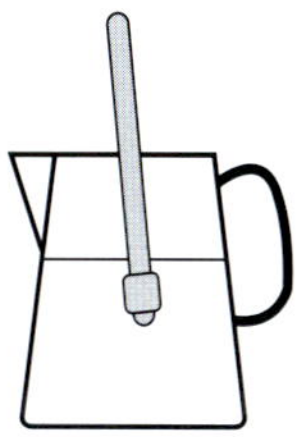

스팀 노즐에는 항상 물방울이 맺혀 있으므로 스티밍을 하기 전에는 항상 밸브를 열어 이 물방울을 제거해준다. 밸브를 열어주는 시간은 약 2초 전후이며, 행주로 스팀 노즐을 감싸 닦아주는 것이 좋다.

(2) 스티밍 시작하기

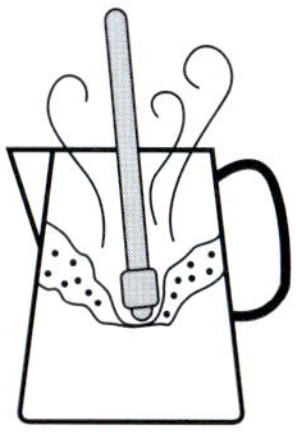

그림과 같이 차가운 우유를 스팀 피처에 담고 스팀 막대기를 집어넣고 밸브를 연다.

단, 주의할 점은 피처 바닥까지 스팀 노즐이 닿지 않아야 한다.

(3) 공기 주입하기

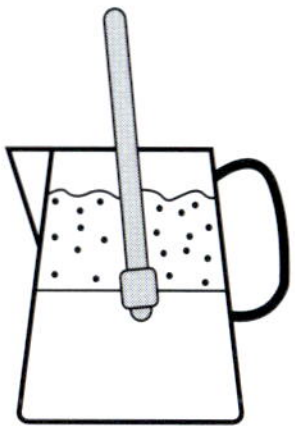

우유 표면 위에 스팀 막대기로 스팀을 이용해 거품을 형성한다.

피처를 위쪽으로 낮게 스티밍하면 소음이 크게 들리고 거품이 거칠게 만들어지며, 만약 너무 깊게 스티밍하면 거품이 생성되지 않고 쉽게 온도가 올라가므로 주의한다.

(4) 거품과 우유 혼합하기

거품이 잘 형성되었으면 온도(145~165°F, 63~74℃ 정도)에 맞추어서 마지막으로 스팀 막대기를 조금 더 넣어 거품과 우유를 잘 섞은 다음 스팀 밸브를 잠가야 한다.

이때 온도를 너무 높게 하면 우유에서 비린내가 나고 커피를 마실 때 입안이 데일 우려가 있으므로 주의한다.

우유 스티밍이 끝나면 피처를 노즐과 분리시키고 다시 한 번 스팀 밸브를 열어 증기와 남아있는 우유를 빼내어야 하고 스팀 막대기를 젖은 행주로 깨끗하게 닦아 주어야 한다.

(5) 거품 고르기

스티밍이 완료된 후 피처 속 스팀 밀크를 보면 우유 거품이 크고 작은 알맹이로 균일하지 못한 것을 볼 수 있는데 이를 고운 거품으로 만들기 위해서 하는 작업으로 스팀 피처를 작업대에 2~3회 정도 가볍게 쳐주면서 거품을 고르게 할 수 있다.

8. 에스프레소 기계 청소

에스프레소 기계는 매일 사용하기 때문에 매일 관리하지 않으면 묵은 커피 찌꺼기들이 들러붙어 커피 추출과 맛에 많은 영향을 주므로 항상 청결하게 유지되어야 한다.

청소를 신경 쓰지 않는 기계는 쉽게 고장이 나고 수리하는 데 많은 경비가 들기 때문에 일반적으로 기계 청소는 마감시에 꼭 해주고, 약품 청소는 일주일에 두 번을 기본으로 하여 실시한다.

1) 에스프레소 기계의 일일 청소(일 마감 후 청소)

- 그룹 헤드 필터를 나사를 풀어 제거한 후 블라인드 필터를 포터 필터에 장착한 후 그룹 헤드에 끼워서 그림과 같이 몇 번에 걸쳐 백 플러싱back flushing을 한다.
- 플라스틱 브러시를 사용하여 그룹 헤드 부분의 커피 찌꺼기를 제거하고 깨끗하게 청소한다(이 청소는 자주 해주어야 한다).
- 스팀 노즐은 우유와 접촉하는 부분인 노즐 팁Nozzle Tips을 떼어내 우유 찌꺼기를 깨끗하게 닦고 다시 끼워준다.
- 그룹 헤드에 블라인드 필터를 장착한다.

청소 순서

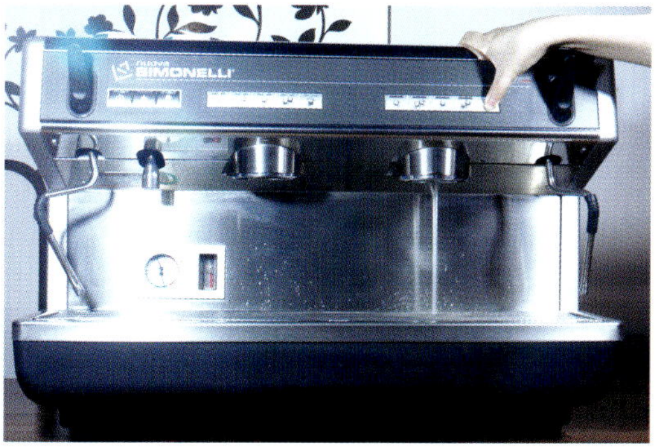

① 먼저 물을 내린다.

② 여러 번 백 플러싱한다.

③ 양쪽의 스팀 노즐에 있는 노즐 팁을 떼어내 청소 후 다시 끼워준다.

2) 에스프레소 기계의 주간 청소

에스프레소 머신 클리너를 블라인드 필터에 소량 넣은 후 그룹 헤드에 장착한 후 물이 깨끗하게 헤드를 통과할 때까지 그리고 커피 찌꺼기가 없어질 때까지 10초 동안 에스프레소 버튼을 누른다. 이것을 6~7회 반복한 후 백 플러싱으로 헹구어낸다.

그룹 헤드에서 그룹 헤드 필터를 분리해서 부드러운 솔로 닦아준다. 또한 포터 필터 홀더로부터 바스켓을 분리한 후 뜨거운 물에 머신 클리너 파우더를 넣고 그룹 헤드 필터와 포터 필터와 함께 다음날 아침까지 담가 놓는다.

스팀 완드 역시 뜨거운 물에 담가 밤새도록 놓아둔 후 아침 사용 전에 잘 닦아서 사용한다.

포터 필터

헤드 블록과 그룹망

3) 그라인더의 청소

그라인더 속의 모든 분쇄된 커피를 제거한다. 당일 사용한 커피를 밤새 놓아두면 신선하지 않은 커피로 변화되므로 도징하는 주위는 브러시로 털어내고 분리한 후 브러시를 이용해 깨끗하게 씻어준다.

호퍼Hopper에 있는 기름때는 매일 타월로 닦아내고 3일에 한 번 주기로 물로 깨끗하게 씻어준다. 그렇지 않으면 불쾌한 냄새가 나고 이것이 커피의 향미에 영향을 미치게 된다.

9. 에스프레소 메뉴 및 응용 메뉴 만들기

에스프레소 메뉴는 에스프레소 샷을 어떤 방법으로 내느냐에 따라 다양하게 연출된다. 이 에스프레소 커피를 베이스로 하여 다른 첨가물(우유 포함)을 넣은 커피를 에스프레소 응용 커피espresso variation coffee라고 한다.

1) 에스프레소 메뉴

에스프레소 커피는 샷(1shot=1oz)의 수, 커피 양을 어떻게 사용하며 얼마나 오랜 시간 동안 추출했느냐에 따라 에스프레소 솔로Solo, 에스프레소 도피오Doppio, 에스프레소 리스트레또Ristlatto, 에스프레소 더블Double, 에스프레소 룽고Longo로 나뉘고, 차가운 에스프레소를 에스프레소 프레도Fredo라고 하며 기본 에스프레소 커피에 우유를 살짝 넣은 메뉴를 에스프레소 마끼아또Macciatto라고 한다.

2) 에스프레소 응용 메뉴

에스프레소 응용 메뉴는 추출된 에스프레소 커피에 다양한 첨가물을 넣어 만든 메뉴를 말한다. 첨가물에는 소스, 시럽, 파우더, 페이스트 등이 있다.

에스프레소 응용 메뉴를 만들기 전에는 블렌딩된 에스프레소 원두의 특성, 원두의 배전도(로스팅 정도) 및 그 업장에서 사용할 에스프레소 용량을 미리 정하여 레시피를 잡아야 한다.

또한 아이스 음료의 경우 따뜻한 메뉴보다 많은 양의 커피가 사용되며, 기본적으로 시럽을 넣을 때는 얼음 위에 넣어야 위에서 아래로 내려오면서 잘 녹는다.

아이스 메뉴의 경우 얼음이 추가되므로 제공되는 컵 자체가 커진다. 보통의 아이스 커피의 경우 에스프레소 shot을 룽고로 길게 추출하여 제공하는 경우가 많고, 진한 커피를 원한다면 에스프레소 2shot을 넣어주면 된다. 만드는 방법에서는 따뜻한 메뉴와 아이스 메뉴와는 별 차이가 없으므로 다음에서는 따뜻한 메뉴 위주로

에스프레소 메뉴

메 뉴	내 용
에스프레소 솔로 Espresso Solo	1shot 기준으로 커피 양은 7~8g을 사용하고, 추출 시간은 20~30초에 20~30mm를 추출(현 교육장에선 30mL를 25초에 추출)
에스프레소 도피오 Espresso Doppio	2shot 기준으로 커피 양은 15~16g을 사용하고, 추출 시간은 솔로와 같이 25초를 기준으로 50~60mm를 추출
에스프레소 리스트레또 Espresso Ristlatto	1shot 기준으로 커피 양은 7~8g을 사용하고, 추출 시간은 약 15초(진한 물줄기에서 연한 물줄기로 바뀔 때 양 확인)에 15~20mL를 추출
에스프레소 더블 Espresso Double	2shot 기준으로 커피 양은 15~16g을 사용하고, 추출 시간은 약 15초(진한 물줄기에서 연한 물줄기로 바뀔 때 양 확인)에 30mL(솔로 기준) 추출
에스프레소 룽고 Espresso Lungo	• 1#: 1shot 기준으로 커피 양은 7~8g을 사용하고, 추출 시간은 기본 솔로 추출에서 약 10초 더 추출한다(한 번에 35초로 추출한다). 추출 양은 50~60mL 기준 • 2#: 커피의 양은 같고 기본 솔로 추출 후 같은 온도의 물로 양을 50~60mL 맞추기
에스프레소 프레도 Espresso Fredo	• 차가운 에스프레소를 말함 • 취향에 따라 1~2shot을 넣기 • 다른 잔과 달리 쿨링한 잔에 얼음을 조각내서 가득 넣고 얼음 바로 위에 1shot을 추출(에스프레소가 추출되면서 얼음이 녹아 잔 벽에 추출되지 않고 얼음 위에 추출되도록 잔을 돌려주기)
에스프레소 마끼아또 Espresso Macciatto	점을 찍는다는 의미를 가지고 있음 • 1#: 에스프레소 솔로 추출 후 폼 밀크(form milk)만을 일반 수저로 3~5 스푼 얹기 • 2#: 에스프레소 솔로 추출 후 약간의 스팀 밀크(steam milk)를 부은 후 폼 밀크 얹기
에스프레소 콘파나 Espresso Conppana	에스프레소 솔로 추출 후 위에 생크림을 얹은 메뉴

레시피를 설명한다.

(1) 각종 첨가물

소스와 시럽 소스는 걸쭉하고 투명하지 않은 액체이고, 시럽은 걸쭉하진 않지만 투명한 액체이다.

파우더 가루 형태로 되어 있으며 커피에 첨가되는 파우더는 대부분 약간의 단맛을 낸다.

페이스트 고체를 으깨어 놓은 형태로 약간의 단맛을 함유하고 있다.

(2) 첨가물을 넣은 메뉴

아메리카노 Americano

이탈리아에서는 드립 방식 커피를 말하나, 미국이나 국내에서는 에스프레소를 물로 희석시킨 커피를 말한다.

재 료 • Hot: 에스프레소 1shot, 물 200mL

• Iced: 에스프레소 1.5shot, 물 200mL, 얼음 7~8조각

레시피 ① 잔에 뜨거운 물 200mL을 붓는다.

② 여기에 에스프레소 1shot을 붓는다.

③ 커피의 농도는 에스프레소 shot으로 조정한다.

카페라떼 Café Latte

에스프레소와 우유의 합성어로 우유를 넣은 커피를 뜻한다. 보통 커피와 우유를 1 : 3~4 정도 비율로 만든다.

재 료 • Hot: 에스프레소 1shot, 우유 180mL

• Iced: 에스프레소 1.5shot, 우유 180mL, 얼음 7~8조각

레시피 ① 잔에 따뜻한 우유 180mL을 붓는다.

② 여기에 에스프레소 1shot을 붓는다.

③ 라떼아트가 추가 되어도 좋고 위에 초콜릿 파우더가 추가되어도 좋다.

카푸치노 Cappucino

카푸치노라는 명칭은 이탈리아 카프친 수도회 수도사들이 입은 모자 달린 옷의 모습과 커피 위에 떠 있는 흰 거품이 닮았다 하여 유래되었다.

주의할 점은 우유의 온도인데 온도가 75℃가 넘으면 비린맛이 나므로 65~70℃를 유지해야 한다.

재 료 • Hot: 에스프레소 1shot, 밸벳밀크 약 180mL

• Iced: 에스프레소 1.5shot, 밸벳밀크 약 180mL, 얼음 7~8조각

레시피 ① 잔에 에스프레소 1shot을 붓는다.

② 위의 잔에 커피와 우유와 거품의 높이의 비율이 1 : 1 : 1이 되도록 밸벳밀크를 따른다.

③ 취향에 따라서 시나몬 가루를 토핑한다.

※ 잔에 에스프레소를 먼저 넣어도 되고 밸벳밀크를 먼저 따른 후 에스프레소를 나중에 넣어도 된다.

카페비엔나 Caffe Vienna

생크림을 띄운 커피이다. 보통 비엔나에서는 커피와 생크림을 1 : 1 비율로 넣어 마신다.

재 료 에스프레소 1shot, 뜨거운 물 15mL, 설탕 2ts, 생크림

레시피 ① 잔에 에스프레소 1shot, 설탕 2ts, 뜨거운 물을 넣고 잘 저어준다.

② 위의 잔에 생크림을 올려준다.

카페모카 Caffee Mocha

원래 초콜릿 맛이 나는 모카커피에서 변형된 메뉴이다. 일반 원두커피에 초콜릿 소스, 가루를 넣어 초콜릿 맛을 낸 커피이다. 매장의 특성에 따라 생크림을 올리기도 한다.

재 료
- Hot: 에스프레소 1shot, 초콜릿 소스 15mL(1pump), 따뜻한 우유 약 150mL, 생크림
- Iced: 에스프레소 1.5shot, 초콜릿 소스 30mL(2pump), 우유 약 150mL, 생크림, 얼음 7~8조각

레시피
① 잔에 에스프레소 1shot과 초콜릿 소스를 넣어 잘 녹여준다.
② 위의 잔에 우유를 따른 후 생크림을 올려준다.
③ 취향에 따라서 초콜릿 소스로 장식하거나 아몬드 가루로 토핑한다.

※ 좀더 강한 초콜릿 맛을 원한다면 초콜릿 시럽을 추가할 수 있다.

캐러멜모카 Caramel Mocha, 캐러멜 마끼아또

카페모카의 응용 메뉴로 카페모카의 초콜릿 소스 대신 캐러멜 소스를 사용한 커피 이다.

재 료
- Hot: 에스프레소 1shot, 캐러멜 소스 15mL(1pump), 따뜻한 우유 약 150ml, 생크림
- Iced: 에스프레소 1.5shot, 캐러멜 소스 30mL(2pump), 우유 약 150mL, 생크림, 얼음 7~8조각

레시피
① 잔에 에스프레소 1shot과 캐러멜 소스를 넣어 잘 녹여준다.
② 위의 잔에 우유를 따른 후 생크림을 올려준다.
③ 취향에 따라서 캐러멜 소스로 장식하거나 아몬드 가루로 토핑한다.

※ 좀더 강한 캐러멜 맛을 원한다면 캐러멜 시럽을 추가할 수 있다.

카푸치노 만들기

기구별 카푸치노 만드는 방법

1) 퍼밍스푼을 이용한 카푸치노 만들기

① 퍼밍스푼을 이용하는 이유

- 스팀 피처만으로 카푸치노에 우유를 배분하기가 쉽지 않기 때문에 퍼밍스푼을 이용한다.
- 퍼밍스푼을 사용해서 초보자들도 손쉽게 예쁜 카푸치노를 만들 수 있다.
- 퍼밍스푼을 이용하면 먼저 우유를 따르고 나중에 우유 거품을 따를 수 있기 때문에 거품과 우유의 비율을 쉽게 조절할 수 있다.

② 퍼밍스푼 사용법

- 1cm를 남기고 스푼으로 피처의 입구를 막고 커피에 우유를 붓는다.
- 잔의 60~70%까지 차오르면 막고 있던 스푼을 피처 끝으로 집어넣어서 거품을 끌어낸다.
- 피처의 기울기에 유의한다. 피처를 많이 기울이지 않으면 거품이 나오지 않으므로 거품을 부을 때 충분히 기울이도록 한다. 그리고 커피가 차오를 때까지 피처를 같은 높이에서 부으면 우유 거품이 퍼져버리므로 커피가 차오르면 피처를 낮게 하여 거품을 부어준다.

2) 스팀 피처를 이용한 카푸치노 만들기

① 스팀 피처를 사용하는 이유

퍼밍스푼은 바리스타 인증시험에서는 쓰지 않는데 숙련된 바리스타는 퍼밍스푼 대신 숙련된 방법으로 스팀 피처를 이용하여 우유와 거품의 비율을 잘 분배하여 메뉴를 만들 수 있어야 하기 때문이다.

② 스팀 피처의 사용법

- 커피에 스티밍한 우유를 붓기 전엔 항상 거품과 우유를 충분히 섞은 다음 큰 거품을 깨뜨려주고 붓는다.
- 커피잔을 살짝 기울여서 높은 위치에서 몇 번 부어 바디를 깔아준 후 퍼질 거품의 크기를 고려하여 스팀 피처와 커피 표면의 사이 간격을 줄여서(가까이 대고) 커피잔의 기울기를 풀면서 살며시 한 점에서 흔들어준다.
- 주의할 점은 카푸치노는 거의 두 잔 분량의 우유를 쓰기 때문에 스티밍 후에 거품 배분을 잘해야 한다. → 다른 따뜻한 저그에 3/4을 부어 준 뒤 다시 1/4을 붓는다. 거품이 가장 위쪽에 많이 있기 때문에 처음 부을 때 거품이 대부분 나오기 때문이다.

다양한 카푸치노 만드는 방법

카푸치노를 만들기 위한 우유의 온도는 65~70℃ 정도이다. 스팀 피처에 우유를 담아 스티밍할 때에는 65~70℃라는 온도의 제한을 고려한 시간 관리가 관건이다. 가끔 우유 스티밍에서 이를 잘 조절하지 못하여 100℃ 이상의 우유 거품이 나는 경우가 종종 있다. 또한 우유 스티밍을 할 땐 우유를 최소 170mL 이상으로 넣어야 한다.

1) 만년설 카푸치노(거품의 양이 많은 카푸치노)

- 1인분을 만들 때 우유의 양은 170mL 이상으로 잡는다.
- 적정온도의 시간을 10이라 본다면 거품 만드는 시간을 7로 잡고 우유를 돌리는(롤링) 시간을 3으로 잡는다.
- 스티밍 방법은 거품을 재빨리 한 번에 피처의 8할까지 내고 너무 깊게 집어넣지 않는 한에서 우유를 돌려 거친 거품을 깨준다.

2) 카푸치노(일반적인 카푸치노)

- 1인분을 만들 때의 우유의 양은 120mL(기본 200mL 이상 넣어야 한다) 이상으로 잡는다.
- 적정온도의 시간을 10으로 본다면 거품 만드는 시간을 4로 잡고 우유를 돌리는(rolling) 시간을 6으로 잡는다.

3) 벨벳 카푸치노(거품이 아주 부드러운 카푸치노)

- 1인분을 만들 때의 우유의 양은 170mL(기본 200mL 이상 넣어야 한다) 이상으로 잡는다.
- 적정온도의 시간을 10이라 본다면 거품 만드는 시간을 2.5로 잡고 우유를 돌리는(롤링) 시간을 7.5로 잡는다.

Chapter 7

커피의 신선도 및 건강

1. 커피의 유통기한

2. 커피의 신선도 결정 요인

3. 커피의 산패

4. 커피의 산패 방지를 위한 포장법

5. 커피의 산패 방지 및 신선도 유지를 위한 다양한 방법

6. 커피와 건강

Chapter 7

커피의 신선도 및 건강

1. 커피의 유통기한

일반 식품은 유통기한에 매우 민감하여 유통기한이 지난 식품을 섭취할 경우 건강을 해칠 수 있지만, 커피의 경우 유통기한이 지나거나 변질되었다고 해도 건강에는 위협적이지 않다. 유통기한이 지나거나 변질된 커피는 맛과 향이 불쾌해질 뿐이지 식중독이나 건강에 치명적인 영향을 주지는 않는다.

커피에도 분명히 식품의약품안전청에서 고시하는 유통기한이 있다. 커피의 유통기한은 제조자가 정하도록 되어 있으며 보통 1~2년으로 표기하도록 되어 있다. 하지만 제조일자에 대한 엄격한 기준 시점은 없고, 일반적으로 포장이 완료된 시점을 제조일자로 한다. 따라서 커피는 로스팅 시기가 중요하다고 할 수 있다.

커피의 유통기한 표시 예

2. 커피의 신선도 결정 요인

커피의 신선도는 '언제 로스팅 되었는가?' 다시 말해서 커피 로스팅 시점에 의해 결정이 되며, 언제 상품으로 포장되고 어떻게 보관되며 언제 추출되었는지는 2차적인 문제이다.

신선한 커피를 마시기 위해서는 로스팅 후 잘 보관된 커피를 먹을 만큼만 구입하여 먹기 직전에 분쇄하여 사용하고, 만약 커피가 남은 경우라면 원두를 되도록 빠른 시간 내에 소비하되, 남은 원두는 밀폐 상태로 패킹한 후 서늘한 곳에서 실온 보관함이 원칙이다.

커피의 신선도 저해 요인은 산패 촉진 요인과 일맥상통하며 그 요인에는 공기(산소), 수분, 온도가 있다.

커피의 신선도 저해 요인

산 소	커피의 산패는 산소와 커피가 접촉하면서 발생되는데 공기와 수분이 커피와 접촉하게 되면 커피의 산패가 진행됨(여기서 수분이란 대기 중 습기를 의미)
수 분	• 막 로스팅이 끝난 뜨거운 커피 원두를 샤워쿨링(물 분사 냉각)하는 경우에는 당연히 산패가 빨리 진행됨 • 로스팅된 커피는 미세한 구멍이 많은 건조한 다공질 조직으로 스펀지가 물을 빨아들이듯 공기와 수분을 쉽게 흡수함
보관 온도	• 보관 온도가 높으면 산패가 더 빨리 진행되나 커피는 온도에 그렇게 민감하지는 않음 • 25℃ 정도의 온도라면 냉장 보관까지는 필요치 않음

3. 커피의 산패

커피의 산패 과정은 생산, 유통, 소비의 전 단계에 걸쳐 진행된다. 하지만 생산보다는 유통과 소비 단계에서 산패가 더욱 활발하게 진행된다.

커피의 산패 지연 방법은 있지만 산패 방지 방법은 없다. 따라서 신선한 커피를 소량으로 구입하여 빠른 시일 내에 소비하는 것이 최선책이라고 할 수 있다.

다음 표는 커피에서 일어나는 산패의 3단계를 설명하고 있다.

커피 산패의 3단계

1단계	증발(evaporation) 단계로 로스팅된 커피의 휘발 성분이 탄산가스와 함께 증발되는 단계
2단계	로스팅된 커피 내부의 여러 가지 휘발 성분들끼리 서로 반응하면서 원래의 향미를 잃어가고 유쾌하지 못한 냄새가 발생하기 시작하는 단계
3단계	본격적인 산화 과정으로서 산소와 결합된 커피 내부 성분이 변질되어 마침내 부패되어 가는 단계

4. 커피의 산패 방지를 위한 포장법

커피의 산패를 방지하여 신선한 상태로 커피를 유통하기 위해서는 로스팅 후 포장 방법이 매우 중요하다.

커피 포장에 널리 사용되는 포장 방법은 크게 공기 포장, 질소 포장, 진공 포장이 있다.

각각의 포장 방법은 다음과 같다.

산소를 막기 위한 커피 포장법

구분	내용
공기 포장	말 그대로 밸브가 부착된 봉투에 커피를 담고 밀봉하는 것으로 가장 많이 사용되는 방법. 이때, 사용되는 밸브는 봉투 속의 커피에서 방출되는 탄산가스는 내보내고 산소와 습기의 유입은 막아주는 역할을 하며 One-Way Valve라고 함. whole bean과 grinding bean 모두 사용됨
질소치환 포장	보통 스낵 봉투에서 보는 것과 같이 봉투 내의 공기를 질소로 바꿔 채워 커의 산패를 방지하는 방법으로 깡통 포장시에 많이 사용함. whole bean에 주로 사용됨
진공 포장	커피를 담은 봉투 안의 공기를 빼내어 진공상태로 만들고 밀폐시키는 방법. grinding bean에 주로 사용됨

5. 커피의 산패 방지 및 신선도 유지를 위한 다양한 방법

유통 단계에서뿐 아니라 소비자들이 커피를 구입한 후 소비하는 과정에서의 신선도 유지는 중요하다.

커피를 즐기는 기본 조건은 가능한 로스팅 된 지 며칠 이내의 커피 원두를 소량으로 구입하여 가능한 밀폐상태로 보관하면서 며칠 이내에 소비하는 것이다.

개봉된 커피 봉투는 봉투 내의 공기를 최대한 빼낸 후 캡 부위를 테이프로 막고 꼭꼭 접어 보관하는 것이 좋고 밸브 봉투에 담긴 분쇄 커피인 경우 구입 즉시 밸브 구멍 부위를 테이프로 밀봉한다. 밸브를 통해 공기가 유입되어 커피의 산패를 촉진시킬 수 있으므로 소비자가 커피를 신선하게 보관할 수 있는 최선의 방법은 커피 봉투 내의 공기를 가능한 빼내는 형식으로 봉투를 꼭꼭 접어 밀봉하는 것이다.

다음 표는 커피 신선도 저해 요인 및 대비 방법에 대한 설명이다.

커피의 신선도 저해 요인 및 대비 방법

냉장 보관	• 냉장고의 좋지 못한 냄새와 습기가 커피에 스며들어 오히려 나쁜 결과를 초래할 수 있음 • 냉장된 커피를 개봉하는 순간 급속하게 주변의 공기와 습기를 흡수하게 됨
냉동 보관	장기 보관의 경우 냉동실에 커피를 보관하기도 하는데 냉동 중에는 괜찮지만 그것을 사용하기 위해 해동시키는 과정에서 그 신선도는 급격히 저하됨. 따라서 냉동 보관했던 커피는 단번에 소비를 해야 냉동 보관의 의미가 있음
로스팅 정도	강한 로스팅은 약한 로스팅보다 원두의 조직이 다공질이며, 함수율이 더 낮고, 표면에는 기름이 배어 나와 있으므로 습기의 흡수가 빠르며 산패 과정이 빠름
분쇄 시점, 분쇄 입도	• 분쇄된 커피는 공기와의 접촉면이 많아지면서 빠르게 산패가 진행됨 • 분쇄된 커피는 원두 상태의 커피보다 유지기간이 1/4 미만으로 떨어짐

커피를 맛없게 만드는 5요소

산소(oxygen)
공기 중의 산소가 원두와 접촉

일광(sun)
산화를 가속화시킴

습기(moisture)
수분에 의한 산패

향(perfume)
커피 외의 향

기간(time)
커피 보관 기간

VS.

커피를 맛있게 만드는 5요소

원두(bean)
훌륭한 등급의 원두(스크린, 산지 고도, 결점두 수)

블렌딩(blending)
각 원두의 결점을 보완하는 블렌딩

그라인더(grinder)
추출에 적합한 분쇄 입자

기계(machine)
일정한 온도, 압력, 추출량

인력(man)
숙련된 기술, 관리, 서비스

어떤 커피가 더 신선할까? 국내 로스팅 커피 vs. 수입 커피

에스프레소 커피에 대한 고객의 니즈(needs)가 증가함에 따라 업체 간 경쟁이 매우 치열해지고 있다. 각 업체들은 다양한 마케팅 활동으로 고객 확보에 힘을 쓰고 있지만 커피 전문점의 경우 고객을 향한 가장 좋은 마케팅은 좋은 원두를 사용하여 맛있는 커피를 제공하는 것이다.

현재, 국내 커피 전문점에서 사용하는 커피는 원두를 수입하여 국내에서 볶아서 사용하는 경우와 외국계 커피 전문점처럼 외국에서 볶은 커피를 수입하여 사용하는 경우로 나뉜다.

국내 자체 브랜드인 할리스(업체명: (주)할리스에프앤비), 탐앤탐스(업체명: (주)탐앤탐스), 엔젤리너스(업체명: (주)롯데리아), 던킨도넛츠(업체명: (주)비알코리아)에서는 국내 로스팅 공장에서 직접 로스팅한 원두를 매장에 공급하여 신선함을 전략으로 활발한 마케팅을 하고 있다.

해외 브랜드인 스타벅스(업체명: (주)스타벅스코리아), 커피빈(업체명: (주)커피빈코리아)에서는 자체 농장의 생두를 로스팅 공장에서 볶아 이를 국내에 수입하여 매장에서 사용하고 있다.

그렇다면 국내에서 볶은 커피가 수입 커피보다 더 신선할까? 이 부분에 대한 찬반양론은 여전히 뜨겁다.

국내에서 볶은 커피는 말 그대로 좋은 생두를 선별하여 직접 로스팅하기 때문에 로스팅 후 매장에 도달하는 시간적 측면에서 매우 단기간의 시간이 소요되므로 비교적 신선하다고 볼 수 있다. 하지만 볶은 커피를 어떻게 가공, 포장하여 유통하느냐 역시 매우 중요한 부분이므로 국내 로스팅이 더 신선하다고 속단하기는 어렵다.

수입 커피의 경우 항공을 이용해 빠르게 수입하지 않는 이상 유통과정상 1~2달 정도의 비교적 긴 시간을 거쳐 매장에 전달되기 때문에 커피를 다루는 업자들은 커피의 신선함에 대서는 잘 언급하지 않는다. 하지만 수입 커피의 경우 주로 오랜 역사와 로스팅 기술을 가진 유명한 커피 회사에서 블렌딩 및 로스팅하기 때문에 맛의 안정성 부분에서 인정을 받는다. 또한 커피 유통과정에서의 신선한 보관법에 대한 연구를 활발하게 하기 때문에 포장 기술 역시 발달되어 있어 우리가 흔히 생각하는 것보다는 신선도 부분에 있어서도 비교적 괜찮은 평가를 받는 것이다.

6. 커피와 건강

1) 커피의 구성 요소

(1) 카페인

카페인은 알칼로이드라는 물질군에 속하고 화학적 용어로는 트리메틸-디옥시퓨린이라는 물질이다. 현미경으로 들여다보면 반짝이는 크리스털처럼 생겼고 물에 잘 녹으며 쓴맛에 향기는 없다.

카페인은 신체에 활기를 불어넣는 자극제이며 약간의 이뇨작용을 하고 지방을 분해하는 등 각종 대사 작용을 활발하게 해준다. 또한 카페인은 천식에도 효과가 있는데 카페인의 자극이 기관의 점액성 분비물을 마르게 하고 혈관을 수축시키기 때문이다.

카페인이 체내에 들어간 지 1시간가량 지나면 섭취된 카페인의 20%가 분해되고 3~7시간 후에는 반 정도가 요산으로 분해된다.

카페인 반감자는 체질에 따라 차이가 나고, 나이가 많을수록 카페인의 효과가 지속되며 임산부와 피임약을 복용하는 여성도 분해 시간이 길어진다.

(2) 기타 요소들

커피 원두에는 카페인 외에도 수분과 단백질, 탄수화물, 지방, 무기질, 유기산 등 많은 성분들이 있다. 기타 다른 구성 성분으로는 알코올, 알데히드, 케톤, 아세테르, 질소화합물 등이 있다.

2) 커피의 긍정적인 효과

(1) 위암 예방 효과

커피를 매일 3잔 이상 마시는 습관이 있는 사람은 마시지 않는 사람보다 위암에 걸릴 확률이 절반 정도밖에 안 되는 것으로 밝혀져 있다(일본 아이치현 암센터). 커피에 포함되어 있는 항산화 물질이 암세포 발생을 억제한다고 한다.

(2) 간암 예방 효과

커피를 종종 마시는 사람은 전혀 마시지 않는 사람보다 간암으로 사망할 위험률이 30% 낮고, 매일 마시는 사람의 경우는 60%나 사망률을 낮춘다고 밝혀져 있다(일본 산교의과대학).

(3) 혈압 강화 효과

커피를 즐겨 마시는 사람은 혈압이 낮다고 밝혀져 있다.

커피를 매일 1잔 마시면 최대 혈압이 0.6mmHg, 최소혈압이 0.4mmHg 내려가는 것으로 밝혀졌고, 매일 커피 마시는 양이 늘어남에 따라 혈압이 내려가는 정도가 비례한다(일본 호이의과대학).

(4) 계산력 향상 효과

하루 120~200mg(커피 1~2잔) 정도 섭취한 카페인은 대뇌피질 전반에 작용하여 사고력을 높이고 의식을 맑게 해 지적인 작업을 활발히 할 수 있도록 해준다. 단, 일의 능률을 높이기 위해 여러 잔의 커피를 계속 마시는 사람이 있는데, 커피에는 위산 분비를 촉진하는 성분도 있으므로 위가 약한 사람은 주의할 필요가 있다.

(5) 다이어트 효과

커피 카페인은 신체의 에너지 소비량을 약 10% 정도 올림으로써 대사를 향진시켜 체중 감량을 도와주는 역할을 하기도 한다. 또한 카페인은 글리코겐보다 피하지방을 먼저 에너지로 변환하는 작용을 한다.

(6) 음주 후 숙취 방지와 해소 효과

카페인은 간 기능을 활발하게 하여 아세트알데히드(알코올이 체내에 분해되어 생기는 것으로 숙취 현상의 원인) 분해를 빠르게 하고 신장의 움직임을 활발하게 하여 배설을 촉진시키므로 술을 마신 후 한 잔의 물과 커피를 마시면 도움이 된다.

3) 커피의 부정적인 효과

(1) 숙면에 미치는 영향

카페인이 중추신경을 자극하므로 숙면을 방해한다. 카페인의 혈중농도가 절반으로 줄어드는 시기는 섭취 후 약 4시간이 지난 시점이므로 이 시간을 고려하여 커피를 섭취해야 한다.

(2) 피로와의 연관성

건강한 사람에게는 중추신경을 자극하여 기분 전환과 함께 작업능률을 올려주지만 피로가 쌓인 경우 피로를 더욱 가중시키므로 피하는 것이 좋다.

(3) 위벽에 미치는 영향

커피는 위벽을 자극, 위산 분비를 촉진하고 위장과 식도를 연결하는 괄약근을 느슨하게 만들어 위산이 식도에 역류, 속 쓰림을 악화시킨다. 그러므로 위산과다, 속 쓰림 등 위궤양 증상이 있는 사람은 커피를 되도록 마시지 않는 것이 좋다.

(4) 커피와 대장질환

장의 연동작용을 촉진하므로 급만성 장염이나 복통을 동반한 과민성 대장질환이 있는 경우 마시지 않는 것이 좋다.

(5) 커피와 심장병과 동맥경화

하루 5잔 이상의 커피를 마시면 심근경색발생률이 2~3배 증가하게 된다.

(6) 심장박동에 미치는 영향

심장이 예민한 사람에게 심장이 불규칙하게 뛰는 부정맥을 유발하여 혈압과 콜레스테롤 수치를 높일 수 있다. 카페인 250mg은 호흡수를 늘림과 함께 1시간 내에 수축기 혈압을 10mmHg 상승시킨다. 또한 카페인 600mL은 기관지 확장에도 영향을 미친다.

(7) 탈수현상 초래

신장에 작용, 소변량을 늘려 탈수현상을 초래하고 불안, 흥분과 같은 부작용을 유발하기도 한다.

4) 커피와 다이어트

한 잔의 블랙커피는 겨우 2kcal의 열량을 갖고 있다. 커피가 살을 빼는 약은 아니지만 불필요한 에너지를 연소시키는 데 도움이 된다.

최근 연구 결과에 따르면 450mg의 카페인(5잔의 커피)은 하루에 80~150cal의 연소 작용을 한다. 이는 정상 체중의 사람들보다 비만의 경우 더 효과가 크다.

또한 카페인은 지방산을 연소시킨다. 따라서 다이어트를 할 경우 적당량의 커피는 권장 사항이다.

일반적으로 중독성 물질인 카페인은 인체에 해로운 영향을 준다고 알려져 있으나 이는 습관적으로 많이 섭취했을 때 나타나는 결과이며 적당한 섭취는 우리 몸의 신진대사를 원활하게 해준다.

지나치게 많이 마시면 과민증, 신경질 및 불안감, 두통, 불면증을 일으키지만 앞서 살펴본 것 외에도 커피는 입 냄새 제거, 동맥경화 억제 등에 효과가 있다.

Chapter 8

바리스타와 서비스

1. 바리스타의 정의
2. 바리스타의 자질과 자세
3. 바리스타의 서비스 및 에티켓
4. 바리스타의 교육 및 자격증
5. 바리스타의 취업과 향후 전망

Chapter 8

바리스타와 서비스

1. 바리스타의 정의

바리스타는 커피의 소비가 활성화되면서 생겨난 직업이다. 바리스타의 영역을 소믈리에, 바텐더와 어떻게 분류하여 정의하느냐에 대한 이견이 있긴 하지만 다음과 같이 구분할 수 있다.

1) 바리스타

'바리스타Barista'는 이탈리아어로 Bar 안에 있는 사람을 뜻한다.

직업적으로 커피나 음료를 만들고 제공하는 사람을 말하지만, 바리스타는 단순히 완벽한 에스프레소espresso를 추출하고 제조하는 능력만을 가진 사람이어서는 안 되며, 서비스의 소양을 갖춘 사람이어야 한다. 또한 완벽한 에스프레소 추출을 위한 좋은 원두를 선택할 수 있고, 커피 관련 기구를 잘 활용하고 유지 · 관리할 수 있어야 하며, 고객의 입맛을 최대한 만족시킬 수 있는 능력을 소유한 사람만이 진정 바리스타라 할 수 있다.

바리스타는 다른 말로 커피조리사라고도 한다. 커피조리사란 미국스페셜티커피협회(SCAA, Specialty Coffee Association of America) 및 월드바리스타챔피언십(WBC, World Barista Championship) 등의 공식적인 행사를 통해 직업적 의미로 널리 알려지게 되었다.

바리스타의 정복 차림

2) 소믈리에

포도주를 관리하고 추천하는 직업이나 그 일을 하는 사람을 말한다.

영어로는 와인캡틴Wine Captain 또는 와인웨이터Wine Waiter라고 한다. 중세 유럽에서 식품 보관을 담당하는 솜Somme이라는 직책에서 유래하였다. 이들은 영주가 식사하기 전에 식품의 안전성을 알려주는 것이 임무였다. 19세기경 프랑스 파리의 한 음식점에서 와인을 전문으로 담당하는 사람이 생기면서 지금과 같은 형태로 발전하였다.

복장은 규정에 따라 화이트 셔츠에 검은색 상·하의, 조끼, 넥타이와 앞치마를 두른다. 조끼 주머니에는 와인병을 따는 스크류와 성냥을 넣어두어야 한다. 또 와인을 시음할 때 사용하는 잔인 타스트뱅Tastevin을 목에 건다. 주요 역할은 고객의 입맛에 맞는 와인을 골라주고, 식사와 어울리는 와인을 추천하는 것이다. 따라서 각종 와인의 종류와 맛을 알아야 하며, 이를 위해 포도의 품종, 숙성 방법, 원산지, 수확 연도 등 와인의 특징에 대한 풍부한 지식을 갖추고 있어야 한다. 뿐만 아니라 와인의 주문, 품목 선정, 구매와 저장, 재고 관리, 목록 작성, 판매까지 담당한다.

3) 바텐더

16세기경 영국에서는 양조업자로부터 갈라져서 주류 판매를 전문으로 하는 상점이 생겼는데 이 상점에서 술이나 음식을 제공하는 카운터를 바bar라 일컬었으며,

바 안에서 일하는 사람을 바텐더라고 하였다. 그 후 미국에서 칵테일이 보급됨에 따라 칵테일 제조 기술자를 바텐더라고 부르게 되었다.

2. 바리스타의 자질과 자세

1) 바리스타의 자질

- 고객 만족을 추구하는 서비스 정신과 예절(에티켓)을 갖춘다.
- 에스프레소에 대한 폭넓은 이해와 이론적 지식을 갖춘다.
- 커피 기계 작동과 원리에 대한 지식을 갖춘다.
- 각 메뉴별 커피 조리에 따르는 기계 관리에 능숙해야 한다.
- 커피 외 취급 메뉴에 대한 해박한 지식이 있어야 한다.
- 기기를 유지 · 관리한다.

2) 바리스타의 자세

- 고객에게 조건 없이 봉사한다.
- 고객에게 200% 만족을 주도록 한다.
- 고객이 다시 방문하고 싶은 마음이 들도록 대한다.
- 항상 고객에게 진심으로 서비스한다.
- 표정을 밝고 명랑하게 한다.
- 대접하려는 마음으로 임한다.
- 고객의 만족도가 우수해야 한다. → 고객은 자신이 지불한 금액보다 더 큰 만족을 받았다고 생각되면 다시 방문하게 된다.

3. 바리스타의 서비스 및 에티켓

다음은 풀서비스full-service로 커피를 제공할 때의 커피 서비스 및 주문 받는 요령이다. 바리스타는 서비스를 제공하는 직업이기 때문에 고객 불만 사항을 접수하고 대응하는 역량을 가지는 것도 매우 중요하다.

1) 커피 서비스 요령

- 커피는 향을 즐기는 기호음료이므로 맛과 향에 신경을 쓴다.
- 식후에 내는 커피는 보통 커피 잔보다 반 정도로 작은 (85.05mL≒3oz) 잔으로 농도를 진하게 낸다.
- 커피 제공시 커피 잔은 따뜻한 상태로 제공한다.
- 식탁 위에 놓인 잔에 커피를 따를 때는 고객의 우측에서 커피 주전자를 냅킨으로 받들고 3/4 정도만 따른다.
- 크림을 원하는지 문의한다.
- 컵의 손잡이는 5시 방향으로 고객의 오른쪽에 서서 오른손으로 서브한다.
- 더 제공하고자 할 때는 반드시 고객에게 커피를 더 원하는지 문의한 다음 실행한다.
- 커피 제공 온도는 80~83℃이며 설탕과 크림을 넣게 되면 60~63℃가 적당하다.
- 커피 잔은 고객이 떠날 때까지 치우지 않는다.

바리스타의 커피 제공 장면

2) 주문 받기

- 메뉴는 고객의 우측에서, 주문은 고객의 좌측에서 받으며, 항상 메모지와 펜을

지참한다.

- 주문 내용은 통일된 약자로 정확히 기록하고 반드시 고객에게 확인한다.
- 주문 받을 때 허리는 15° 정도 숙이고 고객의 좌측에서 얼굴을 주시하여 공손히 주문 받는다.
- 주문은 시계 방향으로 여자, 남자, 호스티스, 호스트 순으로 받는다.
- 고객의 특별 주문 요청이 있다면 바리스타에게 가능 여부를 파악한 후 주문을 결정한다.
- 시간이 오래 걸리는 경우라면 반드시 소요시간을 언급하도록 한다.

3) 고객 불만 처리 요령

다른 매장들처럼 커피를 판매하는 매장에서도 어떤 문제로 인해서 크고 작은 고객 불만이 빈번하게 발생한다. 일단 고객으로부터 불만이 발생되면 당황하지 말고 다음과 같은 원칙에 입각하여 대응한다.

- 냉정하게 성의를 가지고 긍정적으로 끝까지 듣는다.
  고객 불만이 접수되면 논쟁이나 변명은 절대로 피하고 철저히 고객 입장에서 듣는다.
- 사실 관계를 확인한 후 잘못된 점이 있으면 솔직하게 사과한다.
  일단, 고객 불만이 접수되면 어떠한 사건을 계기로 고객의 불만이 발생되었는지 정확한 사실 관계를 확인한 후에 진심을 다해 사과한다.
- 오해가 풀리지 않으면 사람과 장소를 바꾸어준다.
  사과를 함에도 불구하고 문제가 해결되지 않으면 직원에서 매니저로 대상을 바꾸어주거나 여성 고객의 경우 남성 담당자로, 남성 고객의 경우 여성 담당자로 담당자를 바꾸어준다.
- 또한 언쟁의 장소가 업장이라면 다른 고객에게 사고가 확산되기 전에 사무실 등 다른 고객이 안 보이는 곳에서 신속하게 처리하도록 한다.

• 재발 방지 대책을 강구한 후 정중한 설명과 사과로 마무리한다.
고객에게 어떻게 이 상황이 재발되지 않을지에 대한 대안을 제시하며 정중한 사과로 마무리한다.

쉬어 가기

바리스타의 일일 업무

매장에 따라 다소 차이는 있겠지만, 기본적인 운영 원칙이 마련되어 있지 않다면 어떠한 매장이라도 효율적인 운영이 어렵다. 그러므로 효율적인 업무 형태를 파악하고 응용하는 노력이 중요하다. 다음 표는 바리스타가 영업 일별 체크할 사항을 개점 및 폐점 시간에 맞추어 정리한 항목들이다.

카페 운영시 일별 체크 사항

시간별	업무 형태
개점 시간 전 (1~2시간 소요)	• POS 안 시재를 확인하고 잔돈을 파악한다. • 식자재 재고 및 현재 남아있는 작업(손질)된 재료의 상태를 확인한다. • 원두 및 유제품(우유 등)의 상태 및 재고는 영업과 직결되므로 세심한 확인을 요한다. • 금일 영업 동안 사용할 식재료를 준비한다. • 매장 내 청결 상태 및 테이블 상태를 확인하고 청소 및 정렬한다. • 직원 용의 상태를 확인하고, 금일 조례사항을 확인한다. • 예약이 있을 경우, 예약 고객의 테이블 위치 및 의자 세팅 등을 확인하고 준비한다. • 기물(식기, 스푼 혹은 포크)의 청결 상태 및 비품(냅킨, 스트로 등)의 재고 상태를 확인한다. • 필요 식자재 및 비품을 발주한다. • 주말 전일(금요일) 혹은 특정 공휴일 전일일 경우에는 식자재 및 비품의 재고 유무를 여유 있게 계산하여 발주한다.

카페 운영시 일별 체크 사항

시간별	업무 형태
개점 후 (영업 시작 후 1~6시간)	• 개점 시간을 통보하고(Door Open) 본격적인 영업을 시작한다. • 매장 인원의 수에 따라 접객 및 테이블 안내, POS 및 카운터 담당, 메뉴 제조 등으로 분업화할 수 있다. • 테이크아웃 매장의 경우 상권에 따라서 가장 큰 고객 밀집도가 예상되는 시간대이므로 포장 및 메뉴 제조, 신속화에 대한 업무 분담을 철저히 한다.
개점 후 (영업 시작 후 7~12시간)	• 1차 식자재 및 비품 재고 및 상태를 점검하고 보충한다. • 매장 청결 상태를 점검하고, 특히 매장 내 화장실의 청결 및 비품 상태를 점검하고 보충한다. • 전반적인 고객 서비스 점검을 하고, 책임자는 중간 매출을 점검한다. • 매장 음악을 시간대별로 나누어서 관리해주면 전체적인 영업 분위기에 도움이 된다.
폐점 시간 후 (1~2시간 소요)	• 영업시 사용한 기물 및 작업대를 청소 및 세척한다. 이때 작업장(bar) 동선 바닥도 포함된다. • 사용했던 식자재 재고를 파악하고 이에 따른 다음 날 영업시 식자재 필요량을 근무일지에 기록하거나, 다음 날 근무 직원에게 전달한다. • 다음 날 영업시 숙지할 사항(예약 사항, 컴플레인 수료건, 기타 매장 업무 관련)을 근무일지에 기록 및 직원에게 전달한다. • 당일 매출 마감, 시재금 및 입출금(경비 지출) 내역을 확인하고 예비 시재금을 준비해 놓는다.

4. 바리스타의 교육 및 자격증

1) 바리스타 교육 형태

- 기업 자체 교육과정 이수
- 대학의 바리스타 관련 학과 졸업
- 대학의 평생교육원 및 바리스타 양성 전문 학원 수료
- 일부 외국계 커피 체인: 자체적인 바리스타 교육과정 이수
- 사설 바리스타 아카데미 수료

2) 바리스타 자격증

국내에서는 정부 공인 자격증은 아직 없고 2005년 커피 관계자들이 한국커피교육협의회를 만들어 시행하는 민간 자격증으로, '제1회 바리스타 2급 자격 인증시험' 이 진행되어 보다 전문적인 바리스타가 양성되고 있다. 바리스타 시험은 상반기, 하반기 각 1회씩(1년에 총 2회) 시행되며, 시행 한 달 전 시험 공고가 나고, 필기를 합격한 수험생에 한하여 실기를 볼 수 있는 기회가 주어진다.

이 자격증은 국가 공인이 아니며, 업장에서도 반드시 자격증이 있는 바리스타를 고용해야 할 의무는 없다. 따라서 바리스타 자격증은 바리스타가 되기 위한 필수 요건은 아니라고 할 수 있다.

5. 바리스타의 취업과 향후 전망

대기업에서 운영하는 커피 체인 및 프랜차이즈 회사에서 바리스타를 공채 채용하고 있다. 신입의 경우 개인 커피 코너, 프랜차이즈 회사 등에서 경력을 쌓아야 전문 바리스타로서의 성장이 가능하다. 바리스타 대회에서 입상을 한 일명 스타 바리스타들이 매년 발굴되고 있는데 바리스타 입상은 개인에게 명성을 제공해줄 뿐만 아니라 보다 높은 급여가 보장되기도 한다.

원두커피의 대중화가 활발한 지금 바리스타의 향후 전망은 매우 높다고 할 수 있다. 국내 시장에서는 커피 수요의 증가와 다양한 커피 메뉴 개발에 따라 커피 전문점이 증가하는 추세기 때문이다.

향후 바리스타의 고용은 커피와 카페 문화에 대한 인식이 증폭되면서 지속적으로 수요가 증가될 것으로 보이지만 바리스타라는 직업의 권익 보호 및 저변 확대에 있어서는 아직 많은 시간이 필요할 것으로 보인다.

바리스타에 대한 오해와 진실

한 손에 테이크아웃 커피를 들고 출근하는 직장인, 커피 전문점에서 책을 보거나 웹서핑을 하며 커피를 마시는 대학생들…….

이제는 더 이상 외국 영화에서만 나오는 풍경이 아니다. 우리가 쉽게 마주치는 일상의 풍경이며, 원두커피 한 잔이 행복감을 가져다준다고 말하는 사람들도 있다.

커피 시장이 성장함에 따라 커피를 만드는 사람인 '바리스타'라는 직업 역시 관심이 증대되고 있다. 모 방송국에서 방영한 커피 매장을 중심으로 일어나는 일들을 다룬 드라마가 히트를 친 이후, 바리스타를 꿈꾸는 젊은이들의 노력이 굉장하다.

하지만 바리스타가 되기 위해 커피 전문점에 취업을 한 친구들을 보면 얼마 못 가 그만두거나 실망을 하고 아예 다른 쪽으로 이직을 하는 경우도 꽤 많다.

대부분이 다양한 매체를 통해 보이는 바리스타의 화려한 단면만을 보고 바리스타의 길을 선택한 데서 오는 결과이다. 바리스타는 커피 전도사, 커피 전문가이기 이전에 기본적으로 서비스 자질을 갖춘 사람이 아니라면 커피가 아무리 좋다고 하더라도 절대로 갖기 어려운 직업이다. 바리스타가 되기 위해 갖춰야 할 자질로는 첫째도 서비스 정신, 둘째도 서비스 정신이다.

다음은 바리스타를 희망하는 사람들이 바리스타에 대해 갖기 쉬운 오해와 진실이다.

첫째, 바리스타는 낭만적이고 로맨틱한 직업이다?

바리스타는 커피 및 음료를 만들며 바에서 일어나는 모든 일들을 할 수 있는 전문가로 커피에 대한 해박한 지식과 테크닉을 고루 겸비한 사람을 말한다. 바에서 하루 종일 서서 일을 하고, 고객과 가까운 거리에서 서비스를 제공해야 하므로 바리스타는 매우 고된 육체 노동 및 정신 노동을 요한다.

둘째, 바리스타는 커피만 기술적으로 만들면 된다?

바리스타는 커피와 서비스를 고객에게 함께 제공하는 사람이다. 그래서 커피를 잘 추출하는 것 못지않게 섬세한 휴먼터치가 요구된다. 실제로 커피를 만드는 기술은 연습을 통해 충분히 향상될 수 있으나, 서비스에 대한 자질은 선천적인 부분이 크므로 바리스타를 꿈꾼다면 자신의 성향을 잘 살펴볼 필요가 있다.

셋째, 바리스타는 아무나 될 수 없다?

바리스타는 커피를 좋아하고 서비스 마인드만 충분하다면 누구나 될 수 있다. 바리스타가 되기 위해 사설학원 등에서 바리스타 트레이닝 과정을 이수하고, 협회에서 바리스타 자격 인증을 받아 취업을 하는 경우가 대부분이다.

한국커피교육협의회 주관 바리스타 자격 인증시험

바리스타 시험의 목적

- 전문 직업인으로서의 위상 제고
- 커피산업 발전에 공헌
- 커피산업체와의 산학협력을 통한 발전적 방향 제시
- 커피 문화 발전과 서비스의 질 향상

바리스타(2급) 자격 인증시험

1. 응시 자격

- 아카데미 수료자: 커피학 개론 6시간 이상, 커피 로스팅 6시간 이상, 에스프레소 추출 9시간 이상, 카푸치노 6시간 이상 등 총 36시간 이상을 이수한 자
- 학과 수강자: 커피학 관련 교과목(주당 3시간 이상을 15주 이상), 커피 배전 또는 추출에 관련된 교과목(주당 4시간 이상을 15주 이상)을 이수한 자
- 평생교육원(사회교육원) 수료자: 커피학 개론 6시간 이상, 커피 로스팅 6시간 이상, 에스프레소 추출 9시간 이상, 카푸치노 6시간 이상 등 총 36시간 이상을 이수한 자
- 산업체 근무 경력자: 커피 관련 산업체 2년 이상 근무 경력자

2. 출제 형태

필기시험

- 출제 범위: 커피학 개론, 커피 추출, 커피 배전, 서비스 및 식품위생 등
- 출제 형태: 사지선다형
- 시험 시간: 60분(60문항)

실기시험

- 시험의 범주: 사전준비자세, 에스프레소 및 카푸치노의 평가, 서비스 기술 평가
- 시험 방식: 기술적 평가와 감각적 평가로 구분하며, 1인의 수험자를 2인의 평가자가 각각 평가
- 시험 시간: 사전준비 5분, 본평가 10분

3. 합격 기준

필기시험

- 100점 만점에 70점 이상 합격
- 필기시험 합격자에 한해 실기시험 응시 자격을 부여하며, 필기시험 합격자는 합격일로부터 2년간 실기시험 응시 자격을 갖는다.

실기시험

- 400점 만점[기술 200점 평가+(감각평가 100점×2인)]에 280점 이상 합격

4. 평가 항목(기본 원칙)

- 사전준비에 있어서는 작업공간의 활용능력과 응시생의 준비상태와 청결을 평가한다.
- 에스프레소는 커피의 선별능력과 바리스타의 기술 완성도를 평가한다.
- 종합적으로 바리스타로서 가져야 할 자질과 기술적 숙련도를 평가한다.

바리스타(1급) 자격 인증시험

1. 응시 자격

바리스타(2급) 자격증을 취득 후 커피 관련 기관(커피전문점, 커피산업체, 커피교육기관 등)에서 3년 이상의 근무 경력자

2. 출제 형태

필기시험

- 단답형 주관식 50문제(70점 이상 합격)
- 영어 평가 커피 문제-10% 이상 출제

실기시험

- 에스프레소 4잔, 라떼아트 4잔(WBC 기준, 자유 형식)
- 메뉴 시연(예: 공지 메뉴 15가지 중 2개를 택해서 시연) / 총 20분 소요(70점 이상 합격), Cupping Test
- 면접: 면접관 3명 이상 (가 · 부 판정)—서류 심사 병행

참고문헌

단행본

김민주, 커피 경제학, 지훈출판사, 2008.

김준, 커피, 김영사, 2004.

문준웅, 커피와 차, 현암사, 2004.

전광수 외, 기초 커피바리스타, 형설출판사, 2008.

최성일, 커피 트레이닝-바리스타, 땅에쓰신글씨, 2008.

탐 하포드 저, 김명철 역, 경제학 콘서트, 웅진지식하우스, 2006.

Andrea Illy, Rinantonio Viani, *Espresso Coffee: The Science of Quality*, Elsevier Academic Press, 2005.

Joel/Schapira, David/ Schaprira, Karl, *The Book of Coffee & Tea*, schapira, St Martins Press, 1996.

Morganelli, Adrianna, *The Biography of Coffee*, Crabtree Pub Co, 2006.

Peter Lummel, *Kaffee*, be.bra-Verlag, 2002.

Simmer, Susan, *Cafe!/Coffee!*, Panamericana Pub Llc, 2008.

학술지

강금지 외, 생리활성/영양: 커피를 고지방식이에 첨가하였을 때 흰쥐의 체중, 혈중 지질 및 leptin 농도와 지방세포의 크기에 미치는 영향, 한국식품과학회지, 36(3), 478-483, 2004.

강석우 외, 세계 커피시장의 소비실태 및 수출입 동향 비교 분석 고찰-한국,미국,일본 시장을 중심으로, 한국조리학회지, 10(3), 65-82, 2004.

고재윤 외, 커피 이용객의 선택속성에 관한 연구, 호텔리조트카지노연구, 8(2), 23-41, 2009.

김지영 외, 배전시간에 따른 커피 추출물의 항균 및 항산화 효과, 한국식품조리과학회지(구 한국조리과학회지), 25(4), 496-505, 2009.

김태희 외, 브랜드 이미지와 자아 이미지 일치성이 브랜드 태도와 선택의도에 미치는 영향에 관한 연구-스타벅스를 중심으로, 호텔경영학연구, 18(1), 171-185, 2009.

김하경 외, 종류의 커피의 볶음 및 추출조건에 따른 품질 특성에 관한 연구, 한국식품영양학회지, 20(1), 14-19, 2007.

서한석 외, 서울 시내 커피전문점에서 판매되는 커피의 이화학적 특성 및 항산화성 비교, 한국식품조리과학회지(구 한국조리과학회지), 19(5), 624-630, 2003.

서한석 외, GC-SAW(Surface Acoustic Wave) 전자코를 활용한 볶은 커피의 원산지 및 배합 커피의 상품별 분류, 한국식품조리과학회지(구 한국조리과학회지), 22(3), 299-306, 2006.

신선영 외, 대학생들의 건강관련 요인이 커피와 전통음료의 기호도와 섭취빈도에 미치는 영향, 한국식생활문화학회지, 22(4), 420-433, 2007.

신선영 외, 커피의 소비 유형별 품질 속성에 대한 고객 인식 분석, 한국식생활문화학회지, 22(6), 748-756, 2007.

Humbert et al., Life cycle assessment of spray dried soluble coffee and comparison with alternatives(drip filter and capsule espresso), *Journal of Cleaner Production*, *17*(15), 1351-1358, 2009.

Kleinwähter et al., Influence of drying on the content of sugars in wet processed green Arabica coffees, *Food chemistry*, *119*(2), 500-504, 2010.

Korhonova et al., Coffee aroma-Statistical analysis of compositional data, *Talanta* [Talanta], *80*(2), 710-715, 2009.

Laitala et al., Genetics of coffee consumption and its stability, *Addiction*, *103*(12), 2054-2061, 2008.

Taylor et al., Certified Coffee: Does the Premium Pay off?, *Environmental Health Perspectives*, *115*(9), 456-459, 2007.

웹사이트

www.coffeereview.com

www.scaa.org

www.coffeebean.com

www.coffeebeankorea.com

www.starbucks.com

www.istarbucks.co.kr

www.dunkindonuts.com

www.dunkindonuts.co.kr

www.tomntoms.com

사진 자료 제공

㈜구스토 커피 www.gustocoffee.co.kr

㈜에스프레소코리아 www.coffee-tools.com

찾아보기

ㄱ

ㄴ

ㄷ

ㄹ

ㅁ

ㅂ

저자 소개 | 지 은 정

서울대학교 생활과학대학 관능평가 석사

경희대학교 조리외식경영학과 박사 수료

현) 경민대학 호텔외식경영학과 바리스타 강사

(주)푸드베이코리아 대표

(주)에스프레소코리아바리스타스쿨 대표

e-mail. cafejej@naver.com

바리스타와 함께하는 **커피 이야기**

2010년 2월 15일 초판 1쇄 발행
2016년 8월 10일 초판 5쇄 발행

지은이 지 은 정
발행인 이 영 호
발행처 **수 학 사**
06653 서울특별시 서초구 효령로 263
출판등록 1953년 7월 23일 No.16-10
전화번호 02) 584-4642(代) 팩스 02) 521-1458
http://www.soohaksa.co.kr
디자인 북큐브

값 19,000원

ISBN 978-89-7140-235-1 93590